现代化新征程丛书

隆国强 总主编

INDUSTRIES
OF THE FUTURE

OPEN UP NEW AREAS AND NEW ARENAS IN
ECONOMIC DEVELOPMENT

未来产业

开辟经济发展新领域新赛道

中国社会科学院工业经济研究所课题组 著

中国发展出版社
CHINA DEVELOPMENT PRESS

图书在版编目（CIP）数据

未来产业：开辟经济发展新领域新赛道 / 中国社会科学院工业经济研究所课题组著. — 北京：中国发展出版社，2023.2（2024.3重印）

ISBN 978-7-5177-1343-2

Ⅰ. ①未… Ⅱ. ①中… Ⅲ. ①产业发展—研究—中国 Ⅳ. ①F269.2

中国版本图书馆CIP数据核字（2022）第254365号

书　　名： 未来产业：开辟经济发展新领域新赛道
著作责任者： 中国社会科学院工业经济研究所课题组
责 任 编 辑： 雒仁生　郭心蕊　王　沛
出 版 发 行： 中国发展出版社
联 系 地 址： 北京经济技术开发区荣华中路22号亦城财富中心1号楼8层（100176）
标 准 书 号： ISBN 978-7-5177-1343-2
经　销　者： 各地新华书店
印　刷　者： 北京博海升彩色印刷有限公司
开　　本： 710mm × 1000mm　1/16
印　　张： 17.5
字　　数： 218千字
版　　次： 2023年2月第1版
印　　次： 2024年3月第4次印刷
定　　价： 78.00元

联 系 电 话：（010）68990630　68360970
购 书 热 线：（010）68990682　68990686
网 络 订 购： http://zgfzcbs. tmall. com
网 购 电 话：（010）88333349　68990639
本 社 网 址： http://www.develpress. com
电 子 邮 件： 370118561@qq.com

“现代化新征程丛书”
编委会

丛书联合编制单位

国务院发展研究中心企业研究所

国研智库

中国国际工程咨询有限公司

工业和信息化部电子第五研究所（服务型制造研究院）

中国社会科学院工业经济研究所

机械工业经济管理研究院

航天云网科技发展有限责任公司

苏州大学北京研究院

浙江工业大学

阿里研究院

之江智慧场景研究中心

《未来产业：开辟经济发展新领域新赛道》课题组

项目负责人

李晓华　中国社会科学院工业经济研究所国际产业研究室主任、研究员

主要研究人员

杨丹辉　中国社会科学院工业经济研究所研究员

邓　洲　中国社会科学院工业经济研究所工业发展研究室主任、副研究员

方晓霞　中国社会科学院工业经济研究所副研究员

赵剑波　中国社会科学院工业经济研究所企业管理研究室副主任、副研究员

刘佳骏　中国社会科学院工业经济研究所区域经济研究室副主任、副研究员

许　明　中国社会科学院工业经济研究所国际产业研究室副主任、副研究员

渠慎宁　中国社会科学院工业经济研究所新兴产业研究室副主任、副研究员

王海兵　中国社会科学院工业经济研究所副研究员

王秀丽　中国社会科学院工业经济研究所助理研究员

孙天阳　中国社会科学院工业经济研究所助理研究员

寇冬雪　中国社会科学院工业经济研究所博士后

曾昭睿　中国社会科学院大学博士研究生

张作祥　中国社会科学院大学博士研究生

总 序

党的二十大报告提出："从现在起，中国共产党的中心任务就是团结带领全国各族人民全面建成社会主义现代化强国、实现第二个百年奋斗目标，以中国式现代化全面推进中华民族伟大复兴。"当前，世界之变、时代之变、历史之变正以前所未有的方式展开，充满新的历史机遇和挑战，全球发展的不确定性不稳定性更加突出，全方位的国际竞争更加激烈。面对百年未有之大变局，我们坚持把发展作为党执政兴国的第一要务，把高质量发展作为全面建设社会主义现代化国家的首要任务，完整、准确、全面贯彻新发展理念，坚持社会主义市场经济改革方向，坚持高水平对外开放，加快构建以国内大循环为主体、国内国际双循环相互促进的新发展格局，不断以中国的新发展为世界提供新机遇。

习近平总书记指出，今天，我们比历史上任何时期都更接近、更有信心和能力实现中华民族伟大复兴的目标。中华民族已完成全面建成小康社会的千年夙愿，开创了中国式现代化新道路，为实现中华民族伟大复兴提供了坚实的物质基础。现代化新征程就是要实现国家富强、民族振兴、人民幸福的宏伟目标。在党的二十大号召下，全国人民坚定信心，同心同德、埋头苦干、奋勇前进，为全面建设社会主义现代化国家，实现第二个百年奋斗目标，全面推进中华民族伟大复兴而团结奋斗。

走好现代化新征程，是站在新的历史方位，推进实现中华民族伟大复兴。党的十八大以来，中国特色社会主义进入新时代，这是我国发展新的历史方位。从宏观层面来看，走好现代化新征程，需要站在新的历史方位，在客观认识、准确把握当前党和人民事业所处的发展阶段基础上，主动适应大国经济阶梯式递进、螺旋式上升和经济高质量发展要求，不断推动我国社会主义从初级阶段向更高阶段迈进。从中观层面来看，走好现代化新征程，需要站在新的历史方位，明晰我国参与国际竞合比较优势的变化，通过深化供给侧结构性改革，对内解决好发展不平衡不充分问题，对外化解外部环境新矛盾新挑战，形成对全球要素资源的强大吸引力、在激烈国际竞争中的强大竞争力、在全球资源配置中的强大推动力，在高水平自立自强基础上塑造参与国际竞合新优势的战略部署。从微观层面来看，走好现代化新征程，需要站在新的历史方位，坚持系统观念和辩证思维，坚持两点论和重点论相统一，以“把握主动权、下好先手棋”的思路，充分依托我国超大规模市场优势，培育和挖掘内需市场，推动产业结构优化和转型升级，提升产业链供应链韧性，增强国家的生存力、竞争力、发展力、持续力，确保中华民族伟大复兴进程不迟滞、不中断。

走好现代化新征程，要把各国现代化的共同特征和我国国情相结合。实现现代化是世界各国人民的共同追求。随着经济社会的发展，人们越来越清醒地认识到，现代化虽起源于西方，但各国的现代化道路不尽相同，世界上没有放之四海而皆准的现代化模式。因此，走好现代化新征程，要把各国现代化的共同特征和我国具体国情相结合。我们要坚持胸怀天下，拓展世界眼光，深刻洞察人类发展进步潮流，以海纳百川的宽阔胸襟借鉴吸收人类一切优秀文明成果。坚持从中国实际出发，不断推进和拓展中国式现代化。党的二十大报告系统阐述了中国式现代化的五大特征，即中国式现代化是人口规模巨大的现代化，是全体人民共同富裕的现代化，是物质文明和精神文明相协调的现代化，是人与自然和谐共生的现代化，是走和平发展道路的现代化。中国式现代化的五大特征，反映出我们的现代化新征程是基于大国经济，按照中国特色社会主义制度的本质要求，实现长期全面、绿色可持续、和平共赢的现代化。此外，党的二十大报告提出了中国式现代化的九方面本质要求，即坚持中国共产党领导，坚持中国特色社会主义，实现高质量发展，发展全过程人民民主，丰富人民精神世界，实现全体人民共同富裕，促进人与自然和谐共生，推动构建人类命运共同体，创造人类文明新形态。这既是我们走好现代化新征程的实践要求，也为我们指明了走好现代化新征程的领导力量、实践路径和目标责任，为我们准确把握中国式现代化核心要义，推动各方面工作向着复兴目标迈进提供了根本遵循。

走好现代化新征程，需要完整、准确、全面贯彻新发展理念，着力推动高质量发展，加快构建新发展格局。党的二十大报告提出，“我国发展进入战略机遇和风险挑战并存、不确定难预料因素增多的时期”。当前及今后一段时间，我国将面临“新的动荡变革”的国际大环境。新发展理念瞄准我国经济社会发展不同方面存在的突出矛盾，为筑牢经济社会发展根基提供了方向指引。要完整、准确、全面贯彻新发展理念，让创新成为第一动力、协调成为内生特点、绿色成为普遍形态、开放成为必由之路、共享成为根本目的，努力实现高质量发展。要统筹国际国内两个大局，统筹发展与安全两件大事，增强国内大循环内生动力和可靠性，提升国际循环质量和水平，增强国内国际两个市场两种资源联动效应，加快构建以国内大循环为主体、国内国际双循环相互促进的新发展格局。

走好现代化新征程，必须全面深化改革开放。改革开放为我国经济社会发展注入了强劲动力，是决定当代中国命运的关键一招。改革开放以来，我国经济社会发展水平不断提升，人民群众的生活质量不断改善，经济发展深度融入全球化体系，创造了举世瞩目的伟大成就。推进中国式现代化，必须坚持深化改革开放。党的二十大报告提出，要“深入推进改革创新”，“着力破解深层次体制机制障碍”，彰显了在现代化新征程上党和国家对全面深化改革的决心。党的十八大以来，我国进入全面深化改革阶段，改革征程上面临的多是难啃的硬骨头、棘手复杂的问题，在将经济社会发展推向新高度的同时，一系列新的时代命题应运而生。走好现代化新征程，需要全面深化改革，大力推进供给侧结构性改革，进一步优化我国经济结构，不断激发市场活力，提升经济发展的韧性、抵御外部风险的能力。对外开放是我国的基本国策，走好现代化新征程，要坚定不移扩大对外开放，提升贸易投资合作质量和水平，稳步扩大规则、规制、管理、标准等制度型开放，营造市场化、法治化、国际化一流营商环境，大力吸引全球资源要素，增强国内国际联动效应，加快构建新发展格局，以高水平开放促进高质量发展。

知之愈明，则行之愈笃。走在现代化新征程上，我们出版“现代化新征程丛书”，是为了让社会各界更好地把握当下发展机遇、面向未来，以奋斗姿态、实干业绩助力中国式现代化开创新篇章。具体来说，主要有三个方面的考虑。

一是学习贯彻落实好党的二十大精神，为推进中国式现代化凝聚共识。党的二十大报告阐述了开辟马克思主义中国化时代化新境界、中国式现代化的中国特色和本质要求等重大问题，擘画了全面建成社会主义现代化强国的宏伟蓝图和实践路径，就未来 5 年党和国家事业发展制定了大政方针、作出了全面部署，是中国共产党团结带领全国各族人民夺取新时代中国特色社会主义新胜利的政治宣言和行动纲领。此套丛书，以习近平新时代中国特色社会主义思想为指导，认真对照党的二十大报告，从报告原文中找指导、从会议精神中找动力，用行动践行学习宣传贯彻党的二十大精神。

二是交流高质量发展的成功实践，为推进中国式现代化汇聚众智。来自 12 家智库的专家参与本套丛书的编写。本套丛书立足中国式现代化的时代特征和发展要求，直面各个地区、各个部门面对的新情况、新问题，总结借鉴国际国内现代化建设的成功经验，系统地构建了前沿产业、商业环境、发展空间、基础设施“四位一体”的发展思路。丛书内容注重实用性、可操作性，努力打造成为地方政府和企业管理层看得懂、学得会、用得了的使用指南。

三是探索未来发展新领域新赛道，为推进中国式现代化注入新动能。面对百年未有之大变局，数字化转型与绿色化转型加速推进，为我国发展带来新的战略机遇。本套丛书面向未来，深入探索未来发展新领域新赛道，系统分析前沿产业发展的新潜力，为我国发展前沿产业提供新借鉴，为推进中国式现代化注入新动能。

“现代化新征程丛书”主要面向党员领导干部、企事业单位管理层和专业研究人员等读者群体，致力于丰富读者知识素养，拓宽其眼界格局，提升其执政能力、研究能力和实践能力。在丛书编制过程中，重点坚持以下三个原则：一是坚持政治性，把坚持正确的政治方向摆在首位，坚持以党的二十大精神为行动指南，确保相关政策文件、编选编排、相关概念的准确；二是坚持前沿性，丛书选题充分体现鲜明的时代特征，面向未来发展重点领域，内容充分展现现代化新征程的新机遇、新要求、新举措；三是坚持实用性，丛书编制注重理论与实践的结合，特别是用新的理论要求指导新的实践，内容突出针对性、示范性和可操作性。

“现代化新征程丛书”按照“四位一体”架构进行设计，第一期包含十余种图书，主要涵盖四个方面：前沿产业、商业环境、发展空间、基础设施。其中，“前沿产业”主题有“未来产业”“新金融”“服务型制造”“氢能产业”“元宇宙”“扎根实体经济”“制造新模式”；“商业环境”主题有“优化营商环境”；“发展空间”主题有“未来社区”“新型工业化基地”“先进制造业集群”；“基础设施”主题有“新基建”；此外，丛书编委会根据前期调研，撰写了“高质量发展典型案例”。

相知无远近，万里尚为邻。我们希望通过此套丛书，加强智库与智库、智库与传播之间协作，促进智库研究机构与智库传播机构的高水平联动，构建智库型出版产业体系和生态系统，实现“智库引领、出版引路、路径引导”，共同助力高质量发展，为全面建成社会主义现代化强国、实现第二个百年奋斗目标作出积极贡献！

隆国强

国务院发展研究中心副主任、党组成员

2023 年 1 月

导　言

科技创新是经济发展最根本的推动力。在人类文明出现后的漫长历史中，经济长期保持缓慢的增长速度。根据世界著名计量经济史学家安格斯·麦迪森的数据，以人均GDP来衡量，世界上许多地区的经济长期处于停滞状态，直到第一次工业革命释放出科技的巨大威力，世界经济才进入快速增长的轨道。马克思和恩格斯曾这样形容工业革命之后的经济发展："资产阶级在它的不到一百年的阶级统治中所创造的生产力，比过去一切世代创造的全部生产力还要多，还要大。自然力的征服，机器的采用，化学在工业和农业中的应用，轮船的行驶，铁路的通行，电报的使用，整个整个大陆的开垦，河川的通航，仿佛用法术从地下呼唤出来的大量人口——过去哪一个世纪能够料想到有这样的生产力潜伏在社会劳动里呢？"[①] 这就是科技创新及其所孕育出的产业的力量！

按照四次工业革命的划分，第一次工业革命发生于18世纪60年代至19世纪40年代，第二次工业革命发生于19世纪70年代至20世纪初，第三次工业革命发生于20世纪四五十年代至2000年，目前我们正经历的是第四次工业革命。历史上的每一次工业革命都孕育出新产业，带来经济的快速增长，也伴随着世界科技、经济、政治、军事格局的改变。第一次工业革命中，英国成为"日不落帝国"；第二次工业革命中，

① 马克思，恩格斯．共产党宣言[A]. 马克思恩格斯选集（第一卷）[C]. 北京：人民出版社，1972:256.

美国成为世界第一经济大国；第三次工业革命中，日本、韩国等国家实现了长期的高速增长，进入工业强国和发达国家行列。遗憾的是，前三次工业革命的机会中国都没有很好地抓住。前两次工业革命时期中国正处于清朝，由于“闭关锁国”和列强的侵略，没能搭上工业革命的经济增长快车。第三次工业革命时期，由于帝国主义的侵略和新中国成立后帝国主义的封锁等原因，虽然新中国成立后建立起了相对完整的工业体系并且实现了经济的较快发展，但是在前沿科技、产业技术水平等方面与发达国家存在巨大的差距。改革开放后，经过四十多年的奋起直追，中国成为世界工业和制造业规模最大的国家，制造业的技术能力显著增强，与制造强国的差距显著缩小，但是产业基础不牢、产业链供应链韧性不强、增加值率和利润率偏低等问题仍然突出。

在相对成熟的产业领域，虽然后发国家面对比较确定的技术路线，通过对先发国家的学习和模仿可以减少产业创新投入、缩短研发时间，但是先发国家凭借其长期的技术积累、构筑的知识产权壁垒、对供应链的掌控等，保持在全球价值链中的主导地位，并将发展中国家锁定在全球价值链的中低端。尽管在全球价值链分工中，后发国家与发达国家的差距有可能缩小，但更经常的状态是与发达国家保持“可望而不可即”的差距。而在前沿技术驱动的产业领域，无论是发达国家还是后发国家，都处于相似的起跑线上，都面临技术突破时间、技术路线、应用场景等方面的高度不确定性。而且相比之下，发达国家存在行业龙头企业的战略刚性问题和用户的锁定效应，而后发国家没有这些由于既有产业领先所形成的羁绊。因此，每一次科技和产业革命就成为后发国家“换道超车”的历史性机遇。经过新中国成立七十多年和改革开放四十多年的发展，我国通过参与全球分工、充分利用“后发优势”，已经摘取了赶超道路上那些“低垂的果实”，要想在既有产业实现对发达国家的追赶甚至超越，需要长期且规模巨大的人力、资金投入。面对自己的科技和产业领先优势受到挑战，发达国家也会采取各种措施对中国的赶超进行阻挠、遏制。

当前，新一轮科技革命和产业变革突飞猛进，颠覆性创新大量、持续涌现，前沿技术的成熟及其与市场需求的结合催生新产品、新服务、新模式、新业态，进而形成全新的产业，同时也会使许多传统产业发生重大变革。这些由前沿技术成熟所催生、处于产业生命周期的萌芽期或早期发展阶段但具有巨大发展前景的产业就是“未来产业”。未来产业为中国等发展中国家实现“换道超车”提供了战略机遇。中国错过了前两次工业革命，也没能充分利用第三次工业革命带来的发展机遇，因此必须紧紧抓住当前新一轮科技革命和产业变革带来的赶超机遇，实现跨越发展。党的二十大报告指出，必须坚持科技是第一生产力、人才是第一资源、创新是第一动力，深入实施科教兴国战略、人才强国战略、创新驱动发展战略，开辟发展新领域新赛道，不断塑造发展新动能新优势，给未来产业明确了定位和方向。

面对新一轮科技革命和产业变革催生的未来产业发展机遇，世界主要经济体纷纷进行布局。美国近年来提出一系列支持前沿技术发展的战略和政策，为未来产业发展打牢基础；美国总统科技顾问委员会提出加强美国未来产业领导地位的建议，并发布“未来产业研究所”咨询报告。欧盟提出组建规模高达100亿欧元的欧洲未来基金，致力于对战略性重要领域的企业进行长期投资。日本也在加大对创造未来产业的新技术研发的支持。《中华人民共和国国民经济和社会发展第十四个五年规划和2035年远景目标纲要》关于战略性新兴产业发展的一章中用一节对“前瞻谋划未来产业”作出了部署。在地方层面，我国已经有北京、上海、深圳、杭州等城市和地区对未来产业发展进行前瞻布局，甚至出台了未来产业发展的专项规划或行动计划，还有许多地方在研究制定本地支持未来产业发展的政策。

未来产业已经成为关系世界各国经济发展、影响国际产业格局的重大现实问题，也对政府的创新政策、产业政策等提出了新的要求，需要学术界给予学理上的回答。例如，作为一个后发国家，我国创新政策、产业政策的主要任务是要解决如何实现发展方向比较明确的科技和产业快速发展、缩小同发达国家的差距。但是未来产业的科技创新和产业发展方向不确定性高，没有现成的经验可借鉴，这就需要创新政策和产业政策进行转型。尽管近两三年来学术界对未来产业已经开展了不少研究，但总体上对未来产业发展规律、相关政策等方面的系统性研究还较为缺乏。我们希望通过本书的研究，能够对未来产业形成共识，深化对未来产业发展规律以及创新政策、产业政策转型的认识，为推动我国未来产业发展进而开辟发展新领域新赛道、塑造发展新动能新优势贡献科研工作者的绵薄之力。

除导言外，本书的内容共包括十一章，各章的主要内容如下。

第一章“未来产业的内涵与特征”。基于技术属性、经济作用、生命周期、发展方向四个维度的内涵解读，本章提出，未来产业是基于技术创新（尤其是前沿、新兴、重大甚至颠覆性的技术创新）的、能够在人类未来经济社会发展过程中产生净正向溢出效应的、目前尚处于幼稚期（可能是孕育阶段、发展雏形、成长初期或爆发前夕）但未来能成为战略性新兴产业、主导产业乃至支柱产业的新兴产业。未来产业具有五方面特征：在任何时点上，有前瞻性布局；在驱动因素中，有颠覆性技术、需求性牵引、要素性支撑、政策性保障；在发展过程里，有长期性投入、关联性拉动；在结果实现时，有价值性创造、垄断性优势；在所有环节上，都存在不确定性。

第二章“前瞻布局未来产业的重要意义”。本章提出，“十四五”乃至更长一段时期内，国际技术环境、分工格局及国内条件都发生深刻变化，未来产业对于构建现代化经济体系、促进经济高质量发展的动力引擎作用将更加突出。从国际环境来看，布局未来产业是应对新一轮技术革命和产业变革、全球产业分工调整、大国竞争博弈加剧的客观要求。从国内环境来看，我国经济进入新发展阶段，布局未来产业对我国开辟产业发展新赛道、建设现代化产业体系、实施科教兴国战略、增强经济发展韧性具有重要意义。

第三章“代表性未来产业的历史考察”。未来产业是一个动态的概念，今天的未来产业是明天的战略性新兴产业、后天的支柱产业。回望历史，今天的战略性新兴产业、支柱产业在昨天就是“未来产业”。对历史上的未来产业发展历程进行考察，有助于我们更清晰地了解未来产业的演进规律。本章选取基础理论突破的人工智能产业、重大工程推动的核能产业、国家政策推动的新能源汽车与动力电池产业以及国家主导下的日本第五代计算机产业四个案例，考察未来产业发展的主要推动力以及发展中的经验与教训。

第四章“科技创新在未来产业发展中的作用”。在新科技革命和产业变革推动下，未来产业有了更加广泛的科技来源，各大产业强国、科技强国都在抢先布局和重点扶持可能孕育未来产业的技术研发活动。本章提出，从科技创新的视角，未来产业的发展可以划分为基础研究阶段、工程化（小试中试）阶段和商业化（初期产业化）阶段。每一阶段的发展特征受该阶段技术成熟度、技术范式、技术轨道（技术路线）的影响。在整个过程中，产业化不仅促进技术的优化和成熟，而且在与市场需求的互动中，更优的技术路线和产业业态被选择出来，当出现明确的主导设计且有足够大的用户群体产生市场利润时，未来产业将演进为新兴产业。

第五章“驱动因素与未来产业的选择”。近年来，面对蓬勃兴起的新一轮科技革命和产业变革，世界主要经济体纷纷出台各种战略和政策对未来产业进行前瞻布局，而规划、引导和支持的前提是对未来产业进行识别和选择。基于创新的技术推动与需求拉动理论，本章提出技术与市场共轭演进，共同推动未来产业的发展，需要从技术与需求的双向互动中进行未来产业的选择，同时考虑一个国家或地区的要素供给条件。从技术供给看，选择未来产业需要考察技术所处的发展阶段，通过专利数据分析、专家咨询等方法对未来产业成熟度进行定量、定性评价；从市场需求看，需要考察市场与技术的匹配度、新技术对现有产品的替代能力以及是否存在相对确定的新市场需求；从要素供给来看，未来产业发展受制于一个国家或地区财力、科技创新和产业配套条件等。支持未来产业发展的产业政策应兼顾技术推动与需求拉动，根据未来产业的不确定性选择政策工具、支持范围和力度。

第六章“未来产业的创新组织形态演化”。数字技术日趋成熟、广泛应用于各个行业领域，为创新提供了多样性和可能性。本章提出，技术创新的不确定性、政府参与度持续提升、创新资源不断社会化等条件要求创新组织形态多样化发展，创新组织呈现不同的形态，创新活动的规模、范围和边界出现了前所未有的变化。通过对创新组织形态进行刻画与分类，本章总结了国家创新中心、产业投资基金、企业研发中心、创新创业企业，以及构建基础型设施、创新型社区、平台型组织、前瞻性机构等不同的创新组织形式，应根据未来技术的特性选择适合的组织方式，并建立业务发展逻辑、创新分享机制，甚至探索可能的营利模式与增长模式。

第七章“未来产业的发展条件与区位布局选择”。未来产业的创新驱动性、不确定性、长周期性和高投入性等特点要求部署未来产业的区域和城市具备一定的经济保障能力、前沿技术策源能力、商业化和产业化能力。未来产业的阶段可分性使得区域和城市具备部分条件便可以参与到未来产业的发展过程中，不同区域和城市可以根据自身条件，选择在未来产业发展的不同细分领域及不同发展阶段进行布局。科教资源丰富、经济实力强或者发展潜力好的中心城市适合布局未来产业的全环节；具有某些环节独特优势的城市可以重点发展这些环节，形成本城市的特色竞争优势；发展基础相对薄弱的城市可以通过发展配套产业参与未来产业布局。

第八章“未来产业发展的支持性政策及其取向选择”。本章指出，在未来产业的不同发展阶段，其所需政策措施也不尽相同。在基础研究与工程化阶段，创新政策将发挥主导作用，通过解决基础科学研究中的“市场失灵”问题、激发创新活力、提高科技成果转化率，来帮助创新主体走出“死亡之谷”。在商业化阶段，产业政策则成为主要工具，通过解决未来产业的“幼小化”问题、解决产能不足问题、刺激潜在消费需求启动，来帮助企业跨越“达尔文海”。在创新政策和产业政策的落地过程中，各国政府使用了不同的政策工具和手段，推动未来产业发展的主要路径也存在一定差异。面对百年未有之大变局，未来产业政策应更加包容、更具有韧性、更加绿色化，以此来适应产业发展新趋势，更好地推动未来产业发展。

第九章“世界主要经济体未来产业的战略布局”。为了赢得未来产业发展先机、抢占世界科技和产业竞争的制高点，世界主要国家和地区纷纷加强了对未来产业的谋划布局。本章通过对美国、欧盟、德国、英国、日本等主要经济体推出的相关政策梳理总结发现，这些经济体都是立足本国（地区）的优势领域、产业特色等，围绕量子科学、人工智能、未来网络、生命健康、新能源、新材料、空天海洋等从不同方向切入和着力。加大突破性技术和硬科技领域的研发投入、培育和吸引多层次人才、完善科技基础设施、强化科技政策和产业政策的作用几乎成为主要经济体共同采取的战略举措。借鉴发达经济体的经验，我国推动未来产业的发展应该在洞察全球未来产业布局和发展态势的基础上，充分发挥我国的体制优势，从提升科技研发水平、研发效能、研发投入、基础设施、人才培育等方面持续发力，为未来产业发展营造良好的环境。

第十章“我国未来产业发展的条件与存在的问题”。鉴于未来产业的重要作用，我国中央和地方都高度重视未来产业的发展，出台了一系列规划和政策文件，未来产业的部分领域已具备技术创新基础，部分项目将进入商业化阶段。未来产业是我国能够和世界前沿保持同步的为数不多的重大创新和产业机会。本章指出，我国在体制机制、企业主体、科技创新、科技基础设施、产业配套、市场规模等方面具有发展未来产业的优势；同时也存在发展未来产业的短板与问题，包括产业基础能力有待提升、关键性技术面临发达国家封锁、产业创新生态有待完善、科技创新创业人才供给不足、投资运作效率和风险管理水平较低等。

第十一章“推动未来产业发展的政策建议”。本章提出，推动我国未来产业发展要以“科技创新—市场主体—应用场景—生态系统—科技伦理—体制机制”为主线，突出未来产业发展的重点领域和政策安排，具体包括面向重点领域和重大需求、高能级平台体系、跨产业技术融合等科技创新政策，面向龙头和中小企业融通创新的市场主体政策，面向新型产业形态等多元应用场景政策，面向新基建及应用生态、要素市场化配置等生态系统政策，强化开放式创新的国际国内合作政策，面向人才引培、科技体制、财税金融的体制机制优化政策。

由于未来产业是一个新提出的理论课题，在实践中是新一轮科技与产业变革正在进行中的经济活动，因此对未来产业的研究存在很大的难度。本书只是基于历史考察、现有的实践、国内外的政策及理论研究而对未来产业的初步探索。随着世界各国未来产业战略部署的深入推进和未来产业的不断培育、发展壮大，一方面会不断出现新的实践经验，可加以总结和理论提炼，另一方面也会出现许多新的问题，需要给出理论上的探讨和回应。

李晓华

中国社会科学院工业经济研究所国际产业研究室主任、研究员

2022 年 12 月

目 录

第一章

未来产业的内涵与特征

2021 年 3 月，第十三届全国人民代表大会第四次会议审查通过了《中华人民共和国国民经济和社会发展第十四个五年规划和 2035 年远景目标纲要》，明确提出要“着眼于抢占未来产业发展先机”“组织实施未来产业孵化与加速计划，谋划布局一批未来产业”。这是我国国民经济和社会发展五年规划中第一次出现“未来产业”的概念。目前，无论是国家层面，还是地区层面，都在加速布局未来产业。与此对应，有必要在理论上厘清未来产业的内涵与特征。这对于抓住新一轮科技革命和产业变革历史机遇、抢抓科技产业制高点、提升我国产业基础高级化和产业链现代化水平、构建现代产业体系、保障产业安全都具有重要意义。

一、未来产业的内涵

未来产业是近年来才兴起的概念，国内外学术界和产业界对其尚无明确且统一的认识，但在现有学术论文和政策文件中，已有不少分析。本节从技术属性、经济作用、生命周期、发展方向四个维度出发，对现有资料中有关未来产业的内涵进行梳理。

（一）技术属性维度的分析

产业是社会分工背景下具有相同基础（如技术经济特征）但也存在显著区别（如产品边界）的业态总称。对未来产业而言，也是如此。现有研究通常都会从技术属性维度展开分析[①]。如有研究者认为，未来产业是指由重要科学发现或重大技术突破形成的对经济社会发展起支撑性引领性作用的萌芽期产业形态（陈赟，2022）。也有研究者认为，未来产业是科技创新范式变革下，依托重大科技突破和产业化、引领新应用场景和新消费需求的产物，是牵引性很强的先导产业（杨跃承等，2021）。在某种程度上，未来产业是基于颠覆性技术，依托于技术之间、技术与产业之间融合，一旦爆发即能以新供给创造新需求，引领生产生活方式发生重大变化，对经济发展产生强大推动力的产业（李妍，2021）。而另一种观点认为，未来产业是基于前沿重大科技创新而形成的产业，是面向未来并决定产业竞争力和区域竞争实力的前瞻性产业，可以说，谁掌握了未来产业发展的主动权，谁就可能在未来发展中占得先机（江锡军，2021）。《未来产业：塑造未来世界的决定性力量》一书中认为，未来产业是一个关于未来发展方向的总体布局，高度依赖基础理论研究和原始创新，通过颠覆性技术创新引发新的产业变革，能够对经济社会发挥全局带动和重大引领作用的产业（李斌等，2021）。

（二）经济作用维度的分析

产业是社会分工的产物，也必然会对经济社会产生积极影响。对未

① 也有研究者从产业部门、组织形式等角度展开分析。如有研究者认为，未来产业是指在后资本主义社会科技知识和全球化背景下，因融入了科学、工程、技术、社会等而无法归类到哪一个特定产业部门，具有巨大发展潜力且满足人们新的社会价值观的重要经济组织形式（从知，2005）。

来产业而言，更需要回应未来经济社会的关切。现有研究对此也展开了有益探索。有研究者认为，未来产业是以知识运用为基础、以人们的生活质量提高为目标、能提升人类的认知水平、具有很强产业间关联性的产业（陈俊英，2005）。也有研究者认为，未来产业是重大科技创新产业化后形成的，与战略性新兴产业相比，更能代表未来科技和产业发展的新方向，是对经济社会变迁起到关键性、支撑性和引领性作用的前沿产业（陈劲，2020）。还有研究者认为，未来产业是代表未来科技和产业发展新方向，融合当代最新科学技术，并不断吸收重大前沿科技，能扩展人类认识空间、提升人类自身能力、推动社会可持续发展的产业（曹梅英等，2021；沈华等，2021；赵祯煜，2021）。国内知名智库机构认为，未来产业是指面向未来社会需求，通过技术创新推动在未来实现高速增长，成为对国民经济具有引导和重要支撑作用的产业（赛迪智库科技与标准研究所，2021）。

（三）生命周期维度的分析

产业发展是动态的，也会经历初创、成长、成熟、衰退的生命周期。对未来产业而言，也是如此。现有研究主要从“立足当下、面向未来”的角度展开分析。如有研究者认为，未来产业是指代表未来科技和产业发展新方向、3T（信息技术的 IT、生物技术的 BT、大数据技术的 DT）融合、不断渗透重大前沿科技、体现当今世界绿色低碳经济发展潮流、尚处于孕育阶段或成长初期但未来最具活力与发展潜力、对生命健康影响巨大、对经济社会具有全局带动和重大引领作用的产业（刘淑娟等，2018）。有研究者认为，未来产业是基于前沿、重大科技创新而形成、尚处于孕育阶段或成长初期、未来最具活力与发展潜力且会对生产生活影响巨大、对经济社会具有全局带动和重大引领作用的产业，是面向未来并决定未来产业竞争力和区域经济实力的前瞻性产业，是影响未来发展方向的先导性产业，是支撑未来经济发展的主导产业（李斌等，2020；敖青等，2021）。也有研究者认为，未来产业是重大科技创新产业化后形成的、代表未来科技和产业发展新方向、对经济社会具有支撑带动和引领作用的前瞻性新兴产业，也是影响未来的战略性新兴产业，是前沿科技产业化后形成的未来主导产业，是决定未来区域竞争力的重点支柱产业（余东华，2020；宋婷和田诗佳，2021）。还有研究者认为，未来产业是指由处于探索期的前沿技术所推动、以满足经济社会不断升级的需求为目标、代表科技和产业长期发展方向，会在未来发展成熟和实现产业转化并形成对国民经济具有重要支撑和巨大带动，但当前尚处于孕育孵化阶段的新兴产业（李晓华和王怡帆，2021）。

（四）发展方向维度的分析

产业发展是实体经济发展的重要组成部分。对未来产业发展而言，必须要有科学性预判和前瞻性布局。现有研究在理论上的分析还不太充分，更多是从实践角度进行讨论。如《未来产业》一书提出，机器人、基因技术、网络安全、大数据和金融科技是推动未来 20 年全球经济社会变迁的关键产业（罗斯，2016）。与之相比，政策文件的指向更加具体。如沈阳市在 2018 年发布《沈阳市未来产业培育和发展规划（2018—2035 年）》，认为未来产业是以新一代信息技术、新材料、新能源、生物技术等与工业技术交叉融合为驱动，显著带动生产力发展、改善人们生活质量、引领经济社会发展的产业生态体系，涉及生产、交通、健康、消费、民生等多方面的经济活动。山西省在 2021 年出台《山西省“十四五”未来产业发展规划》，认为未来产业是以新一代信息技术、新材料、新能源、新装备、生物技术等与工业技术交叉融合为驱动，代表新一轮科技和产业革命的发展方向，支撑未来经济增长的主导性产业、决定未来发展方向的先导性产业、影响未来发展潜力的颠覆性产业、提升未来竞争能力的前瞻性产业，对生产生活影响巨大，对经济社会具有全局带动和重大引领作用。俄罗斯在 2016 年发布《俄罗斯联邦科学技术发展战略》，其中被列入的“国家技术计划”提出了未来产业的标准，即市场规模在 2035 年超过 1000 亿美元、目前的市场上还没有公认或既定的技术标准、主要是满足最终消费者的需求、中间商被管理软件所取代的、对加强国家安全和提高生活质量具有重要意义、俄罗斯有条件获得竞争优势并占据重要市场份额、俄罗斯的技术型企业家希望在此类高技术新市场创建领先企业（周波等，2021）。美国在 2020 年发布《提升美国的全球科技领导地位——特朗普政府 2017 年至 2020 年政策亮点》，认为未来产业包括人工智能（AI）、量子信息科学（QIS）、先进的通信（5G）、先进制造和生物技术等，这些产业将给教育和医疗带来革命性的变化，改变交通和通信方式，提供新的工具和技术来解决以前难以解决的问题，并确保美国能够在快速变化的全球环境中竞争和获胜（周波等，2021）。

综上可见，近年来国内外各界对未来产业的关注程度急剧提升。尽管目前学术界和产业界对未来产业的概念和范围界定还比较模糊，但内涵上的聚焦和共识上的渐进正逐步形成。正如在 2021 中关村论坛 · 未来产业创新发展平行论坛上，时任科技部副部长邵新宇指出，未来产业是基于前沿重大科技创新而形成的产业，是面向未来并决定产业竞争力和区域竞争实力的前瞻性产业，是支撑未来众多产业发展的主导产业；而与会专家则认为，未来产业是由重要科学发现或重大技术突破为基础，代表未来科技和产业发展方向，有望成为主流产业并对经济社会发展带来重大引领变革，且当前处于萌芽期或产业化初期的产业形态（付丽丽，2021）。

基于上述分析，本书认为，深刻把握未来产业的内涵可以从四个方面出发，即“产业”是未来产业的基础、“未来”是未来产业的关键、“动态”是未来产业的要义、“方向”是未来产业的重心，而这四个方面又分别可以从技术属性、经济作用、生命周期、发展方向四个维度加以剖析。从技术属性维度看，未来产业与科技创新密切相关，后者包括前沿技术创新、新兴技术创新、重大技术创新、颠覆性技术创新等；从经济作用维度看，未来产业的正向溢出效应明显，包括提高产业竞争力、引导国民经济高速增长、推动社会可持续发展以及提高人类认知水平、发展空间、生活质量等；从生命周期维度看，未来产业需“立足当下、面向未来”，目前尚处于孕育阶段、发展雏形、成长初期或爆发前夕；从发展方向维度看，未来产业是未来的新兴产业、支柱产业、主导产业、战略性新兴产业。由此可以演绎出未来产业的概念，即未来产业是基于技术创新（尤其是前沿、新兴、重大甚至颠覆性的技术创新）的、能够在人类未来经济社会发展过程中产生净正向溢出效应的、目前尚处于幼稚期（可能是孕育阶段、发展雏形、成长初期或爆发前夕）但未来能成为战略性新兴产业、主导产业乃至支柱产业的新兴产业。

二、未来产业的特征

由于当前学术界与产业界对未来产业内涵的认识并不一致，因此，延伸出来的特征分析也存在差异。有鉴于此，本节首先对现有文献中有关未来产业特征的描述进行统计分析[①]，发现排名前列的包括技术性、前瞻性、长期性、颠覆性、幼稚性、要素性、不确定性等（如图 1–1 所示）。在此基础上，结合上文初步给出的未来产业的概念，本书提出有关未来产业特征的关键词，包括前瞻性布局、颠覆性技术、要素性支撑、需求性牵引、政策性保障、长期性投入、关联性拉动、价值性创造、垄断性优势、不确定性因素。它们之间的逻辑关系在于：一是在任何时点上，有前瞻性布局；二是在驱动因素里，有颠覆性技术、需求性牵引、要素性支撑、政策性保障；三是在发展过程中，有长期性投入、关联性拉动；四是在结果实现时，有价值性创造、垄断性优势；五是在所有环节上，都存在不确定性因素。由此得到有关未来产业的五类特征，即任何时点上的前瞻性、驱动因素里的多样性、发展过程中的持久性、结果实现时的价值性、所有环节上的不确定性。

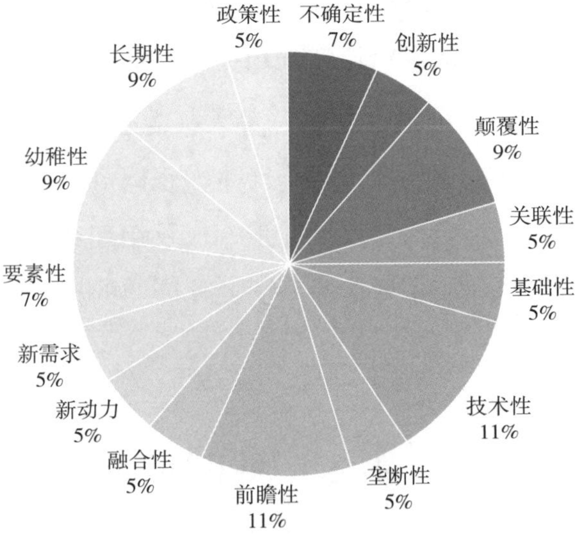

图 1-1　排名前列的词频统计

资料来源：作者对现有文献进行初步合并后统计绘制。

① 本课题对同类词进行了合并，如把“引领性”“领先性”“跳跃性”“超前性”统一为“前瞻性”、把“持久性”“持续性”统一为“长期性”等。

（一）任何时点上的前瞻性

未来产业的特征之一是任何时点上的前瞻性，即在任何时点上，有前瞻性布局。尽管当前未来产业的核心技术还处于探索期，可一旦进入成长期，会很快出现快速迭代和爆发式增长，进而诱发应用层面的爆发式增长，因此，利益相关者们必须要在每一个阶段进行超前性谋划和前瞻性布局（昌盛，2021）。

未来产业关乎愿景，业态的形成不应受当下资源的约束，而是依赖创新及对于未来的想象，只有前瞻性地想象出未来所能够达到的状态，尤其是产业发展的状态，政府和企业家才能够调动资源去提前培育，努力创新去发展它，使之尽快地成熟（赵剑波，2021）。未来产业能够重新配置价值体系，将会在产品形态、业务流程、产业业态、商业模式、生产方式、组织方式、治理机制和劳资关系等方面发生颠覆性变革，因此，需要前瞻性地创造新组织方式和制度供给（杨跃承等，2021）。

（二）驱动因素里的多样性

未来产业的特征之二是驱动因素里的多样性，即在驱动因素里，有颠覆性技术、需求性牵引、要素性支撑、政策性保障。

从技术角度看，未来产业聚焦原始创新和引领式创新，具有较高的科技门槛和壁垒（杨跃承等，2021），其快速发展主要是基于颠覆性技术的突破和产业化，并依托于技术之间、技术与产业之间的深度融合（孟玮，2021）。由于代表了未来科技发展趋势，未来产业是颠覆性技术等创新形成的新兴产业（敖青等，2021）。换句话说，未来产业“诞生”于新科技突破带来的应用，所依托的技术来源于颠覆性技术或是持续性技术群的突破，前者是通过改变已有技术范式并替代主流技术，形成新产品或服务，后者则通过增量技术的改善，优化已有产品或是服务（沈华等，2021）。未来产业也会对现有产业产生深刻甚至是颠覆性的影响，即未来产业中颠覆性新技术对现有技术具有很强的替代性，其同样能够满足人类的某种需求，且效率更高、成本更低、性能更强或效果更好，从而有可能完全改变现有产业的运行模式（昌盛，2021）。也有研究者认为，未来产业一定是颠覆性创新的产物，而这种颠覆性一定是技术轨道的跃迁（赵剑波，2021）。

从需求角度看，未来产业具有对市场需求的高度敏感性，而需求的多样性、多变性、复杂性又影响了未来产业的多样性、多变性和复杂性（余东华，2020），即未来产业的发展将会突破“需求引导新技术”的局限，开启“技术引致新需求”的双向通道，通过不断满足人类和社会发展的新需求，成为下一步创新动能的新增量（沈华等，2021）。

从要素角度看，未来产业是由未来技术、未来生产方式、未来商业模式、未来消费模式和未来基础设施支撑起来的产业，知识、数据、标准等创新要素是未来产业发展的本质（余东华，2020），因此，未来产业往往发生在科技创新资源密集，人才、资本、数据等要素能够自由流动，专业化服务和创业者集聚且活跃，创新创业生态整体优良的地区（杨跃承等，2021）。

从政策角度看，未来产业具有高技术性、高知识性、高融合性、高智能性等特征，这决定了其在初期乃至中后期的发展阶段都可能需要政府产业政策的引导与支持，如需要相关投融资、税收优惠、人才培养、知识产权保护等特殊领域的政策扶持（余东华，2020；敖青等，2021）。

（三）发展过程中的持久性

未来产业的特征之三是发展过程中的持久性，即在发展过程中，有长期性投入、关联性拉动。

从投入角度看，未来产业的形成和发展都是基于未来经济发展和生活方式的变化，其在当下通常都处于技术和市场都不成熟的阶段（周波等，2021），由于不是主导产业，整体发展规模较小，市场收益较低甚至为负，独立快速发展能力受限，更需要有持续的现金流、大量的专业人才支撑才能逐渐发展壮大（郑春蕊和李晓沛，2021）。也有研究者指出，未来产业的发展壮大通常以重大科学发现或重大技术突破为基础，如果没有重大科学技术的颠覆性突破，就谈不上未来产业，所以发展未来产业的前提就是要瞄准世界科技前沿，进行原始创新（陈赟，2022）。由于这种原始创新会贯穿基础研究、应用基础研究、产业萌芽期到产业化整个阶段，因此，需要大量资金长周期持续性投入，需要政府、企业家、科学家、风险投资家乃至消费者协同互动以建立高效畅通的投入产出机制（杨跃承等，2021）。

从拉动角度看，未来产业是基础性产业，对经济社会变迁起关键性引领性作用，具有跨界和综合等特征，因此，单一细分的行业不能成为未来产业（陈赟，2022）。换句话说，未来产业交叉融合特性显著，多数是通过不同技术、不同产业、同产业不同领域等之间交融融合而形成的（敖青等，2021）。在未来产业发展过程中，可以直接拉动上下游产业，对新材料、新设备、新零件、专业软件、科学检测仪器以及各种新型生产性服务业等产生大量需求，形成服务于未来产业的新产业链，从而带动相关产业的发展；其所依托的许多前沿技术属于典型通用技术，也能够通过广泛的扩散和渗透对其他产业乃至社会经济形态和日常生活等各方面产生广泛影响（昌盛，2021）。这些影响通常是正向的，即由于未来产业一般是处于产业链中核心位置的关键产业，其发展会带动相关行业技术、人才、原材料、资金等各种资源的需求和发展，从而带动上下游产业和关联产业的同步协调增长，呈现显著的“溢出效应”（赛迪智库科技与标准研究所，2021）；未来产业属于产业发展的新领域和“处女地”，其发展壮大必须依赖的高端前沿技术涉及的应用范围更加广泛，能够为产业链上下游的研发、应用、制造、服务等发展提供更多发展机遇，形成更多的产业集群、更加灵活多样的产业生态（郑春蕊和李晓沛，2021）。

（四）结果实现时的价值性

未来产业的特征之四是结果实现时的价值性，即在结果实现时，有价值性创造、垄断性优势。

未来产业能在未来社会中对产业、经济、科技和生活等方面产生重大变革（周波等，2021），因此，其具有价值创造性特征，具体体现在如下几个方面：未来产业能不断拓展人类生存和发展新边界，有助于更好地认识深空、深海、深地、深蓝的实体空间，以及 5G、大数据、人工智能技术构建的数字空间（沈华等，2021）；未来产业是在未来时期具有广阔发展前景的产业，在正确的政策引导和扶持培育下有望成为未来经济社会发展的重要增长引擎（赛迪智库科技与标准研究所，2021；敖青等，2021）；未来产业在区域发展中发挥着战略性、前瞻性和带动性作用，极易形成区域特色，构建某领域的影响力（敖青等，2021）；未来产业会通过引入新要素、开发新设计、加工新材料、创造新工艺等方式，突破传统产业形态，创造新业态、新模式、新载体（沈华等，2021）；未来产业多属于产业链、价值链的高附加值环节，具有低投入、高产出等优势，能够创造出更高价值（敖青等，2021）。

未来产业还具有市场潮流引领性下的市场结构寡占性（余东华，2020），即未来产业发展是建立在前沿技术基础上的，是多个学科综合支持、融合发展的结果，其技术策源地具有区域“锁定效应”，一旦前沿技术取得突破性进展，开始全面进入商业化，技术策源地将率先取得先发优势，成为该技术和产业的中心，从而获得巨大技术红利、商业红利（郑春蕊和李晓沛，2021）。

（五）所有环节上的不确定性

未来产业的特征之五是所有环节上的不确定性，即在所有环节上，都存在不确定性因素。未来产业在当下通常处于萌芽阶段，产业发展规模较小，存在技术不成熟等问题，需要利益相关者们立足当下对未来作出有益探索（赵剑波，2021；陈赟，2022）。由于这种探索基于对未来一段时期产业发展的布局和对未来技术突破方向的预判，有可能正确进而引发成功，也有可能错误进而导致失败（赛迪智库科技与标准研究所，2021），因此，未来产业通常呈现复杂性、综合性的特征，发展方向和路径难以把握，预测与探索均存在较高的不确定性（杨跃承等，2021）。

三、未来产业与战略性新兴产业的比较

我国于2008年提出培育战略性新兴产业[①]。2010年，国务院发布

① 值得指出的是，有部分研究讨论了未来产业与智慧产业、前沿产业、高端产业的关系（余东华，2020），也有部分研究讨论了未来产业与主导产业、支柱产业的关系（李晓华和王怡帆，2021）。

《关于加快培育和发展战略性新兴产业的决定》，认为战略性新兴产业是以重大技术突破和重大发展需求为基础，对经济社会全局和长远发展具有重大引领带动作用，知识技术密集、物质资源消耗少、成长潜力大、综合效益好的产业。2016年，国务院印发《"十三五"国家战略性新兴产业发展规划》，指出战略性新兴产业代表新一轮科技革命和产业变革的方向，是培育发展新动能、获取未来竞争新优势的关键领域。研究者们普遍认为，战略性新兴产业是以重大技术突破和重大发展需求为基础，培育经济发展新动能、支撑现代化经济体系建设，对于经济社会全局和长远发展具有重大带动作用，具有知识技术密集、物质资源消耗少、成长潜力大、综合效益好等特征的高新技术产业（余东华，2020；赛迪智库科技与标准研究所，2021）。其与未来产业的内涵有相似之处，也有差异之处。

（一）相似之处

未来产业与战略性新兴产业的相似之处主要体现在以下三个方面。

一是代表未来发展方向。如有研究者认为，未来产业和战略性新兴产业息息相关，都是重大科技创新产业化后形成的、代表未来科技和产业发展新方向、对经济社会具有支撑带动和引领作用的前瞻性新兴产业（沈华等，2021）。也有国内知名智库机构认为，未来产业和战略性新兴产业一样，同样代表着科技创新和产业发展的方向，是新兴科技和新兴产业的深度融合（赛迪智库科技与标准研究所，2021）。

二是能够产生正向作用。如有研究者认为，未来产业是技术、知识、创新驱动的战略性新兴产业，是面向未来的战略性新兴产业，能够引领和带动传统产业转型升级，推动经济实现高质量发展（余东华，2020）。

三是具有共同核心要素。如有研究者认为，未来产业和战略性新兴产业都代表未来科技与产业发展的新方向，是新技术带来的新兴产业，科技要素、智力要素和知识要素都是两者共同的核心要素；与此同时，两者都有巨大的市场需要，在发展过程中都面临不确定性，也都需要国家在相关政策上给予支持（曹梅英等，2021）。

（二）差异之处

未来产业与战略性新兴产业的差异之处主要体现在以下五个方面。

一是战略使命差异。如有研究者认为，战略性新兴产业多是在跟跑阶段侧重于解决“卡脖子”问题，而未来产业是面向并跑、领跑阶段探索科技“无人区”的问题（杨跃承等，2021）。当然，这种战略使命在不同地区也有差异。如对我国而言，战略性新兴产业的发展方向是较为明确的[①]，问题在于与发达国家的差距，因此，我国大力发展战略性新兴产业在某种程度上是“锚定”的，其战略使命之一是缩小与世界前沿水平的差距。相比之下，我国前瞻布局未来产业的战略目标则需要探索世界范围内的科技和产业“无人区”。在未来产业领域，我国与发达国家处于大致相同的起跑线上，都面对未来发展的巨大不确定性，这也为我国在未来产业实现“领跑”、取得领先优势提供了技术、经济条件。

二是所属范畴差异。如有研究者认为，未来产业融合了战略性新兴产业与高新技术产业，但又不局限于这两个领域，它属于“新经济”范畴（刘淑娟等，2018）。从国家“十四五”规划纲要来看，“前瞻谋划未来产业”被放在第九章“发展壮大战略性新兴产业”的第二节，在某

① 我国“十四五”规划明确提出，要“构筑产业体系新支柱”，其中很重要的一点便是“聚焦新一代信息技术、生物技术、新能源、新材料、高端装备、新能源汽车、绿色环保以及航空航天、海洋装备等战略性新兴产业”。

种程度上可以认为，未来产业是战略性新兴产业的组成部分。

三是发展阶段差异。从产业发展的生命周期角度看，未来产业位于产业生命周期的初创阶段，而战略性新兴产业位于产业生命周期的成长阶段（曹梅英等，2021）。如果从时间周期看，战略性新兴产业在未来三年、五年内可发展成为成熟产业，而未来产业是面向未来十年、十五年长期培育的产业（杨跃承等，2021）。《深圳市人民政府关于发展壮大战略性新兴产业集群和培育发展未来产业的意见》和《深圳市培育发展未来产业行动计划（2022—2025 年）》将未来产业分为 5~10 年内有望成长为战略性新兴产业、10~15 年内有望成长为战略性新兴产业两类，从这一分类可以看出，未来产业是战略性新兴产业发展的早期阶段。

四是成长路线差异。战略性新兴产业主要呈现链式集聚和线性成长，而未来产业由于指数型技术的应用，具有很强的先导性、牵引性和跨界性，更强调"变道超车"和"换道领跑"，更容易实现群体性爆发成长。在某种意义上，战略性新兴产业主要依靠大项目、大投资，而未来产业更需要科技突破、创新创业和生态打造（杨跃承等，2021）。

五是不确定性程度差异。如国家统计局于 2012 年发布了《战略性新兴产业分类（2012）（试行）》，并于 2018 年进行修订后正式公布了《战略性新兴产业分类（2018）》，用于指导战略性新兴产业的发展，因此，战略性新兴产业的发展方向相对较为明确，技术、产品与组织均已经得到市场认可，处于高速成长阶段，不确定性因素相对较少。相比之下，未来产业的发展面临技术、市场与组织等方面更大的不确定性。由于未来产业处于初创阶段，技术成熟度与市场推广均具有较大的不确定性，先进的技术不一定都能进行市场化应用；同时，未来产业的新技术即使能满足消费者的有效需求，但其成功还取决于多种因素，如产品成本和产业的组织方式等，发展风险很高（曹梅英等，2021）。

综上可见，未来产业与战略性新兴产业密切相关，彼此有高度相似之处，也有显著差异之处。前者主要体现在代表发展方向、能够产生正向作用、具有共同核心要素等方面，后者主要体现在战略使命差异、所属范畴差异、发展阶段差异、成长路线差异、不确定性程度差异等方面。当然，未来产业是一个动态的概念，与战略性新兴产业都处于一个历史的维度之中，今天被认为是未来产业的，也会随着技术性能与产业规模等内外环境、要素的驱动发展变成战略性新兴产业，即未来产业可能是明天的战略性新兴产业（李晓华和王怡帆，2021；周波等，2021）。换句话说，一方面，未来产业可能会从当前战略性新兴产业中孕育而来；另一方面，未来产业也可能会成为将来的战略性新兴产业。

第二章

前瞻布局未来产业的重要意义

未来产业处于重大科技创新前沿，虽然尚处于孕育阶段或成长初期，但未来极具发展潜力，可能对生产生活影响巨大，对经济社会发挥全局带动和重大引领作用，决定未来产业竞争力和区域经济实力，对未来经济发展起到主导和先导作用。当前，信息网络、生物科技、清洁能源、新材料与先进制造等领域正孕育一批具有重大产业变革前景的颠覆性技术，成为社会生产力新飞跃的突破口。国际科技竞争日趋激烈，科技制高点向探索人类自身、地球、宇宙等未知世界拓进。“十四五”乃至更长一个时期内，我国经济将进入新发展阶段，国际技术环境、分工格局及国内条件都发生深刻变化，未来产业对于构建现代化经济体系、促进经济高质量发展的动力引擎作用将更为突出。

一、前瞻布局未来产业的全球性意义

前瞻布局未来产业是新一轮科技革命和产业变革蓬勃兴起、国际环境深刻变化等共同作用的结果。

（一）布局未来产业是新一轮技术革命和产业变革的必然要求

1. 颠覆性技术不断涌现

目前，新一轮技术革命方兴未艾，大数据、物联网、人工智能等新技术广泛应用并渗透到各行业各领域，服务业的新产业新业态新模式亦不断涌现，正在加速形成新的增长点。我国在电子信息、新型材料等传统高技术产业仍与发达国家差距明显，但颠覆性技术的不断涌现使中国在新一代数字技术、生命健康、低碳等新兴技术领域未来具备拥有先发优势的可能性。如表 2–1 所示，2018—2021 年中国在氢能和人工智能领域的专利申请数量明显高于美国、日本、韩国等发达国家。特别是我国数字经济规模迅速增长（见图 2–1），将给这些以数据要素为驱动的新兴技术提供源源不断的需求牵引和创新动力，同时也有助于我国引领和主导新兴技术标准制定。从表 2–2 来看，我国企业 5G 专利申请数量领先，处于全球数字产业前沿，说明在新科技驱动的产业领域我国具有赶超的机遇。

表 2-1　各国氢能和人工智能领域专利申请数量　　单位：个

领域	年份	中国	美国	日本	韩国
氢能	2018	1138	490	94	17
	2019	1489	453	74	44
	2020	1073	344	61	18
	2021	628	217	9	1
人工智能	2018	96223	43879	10899	10202
	2019	125604	48321	11585	13901
	2020	146340	34659	5269	8001
	2021	92728	12512	1114	2025

数据来源：氢能专利数据来自世界知识产权组织数据库，检索策略根据 The Intellectual Property Office 发布的 *Low-carbon hydrogen* 的检索语法"IC:(C01B3/00 OR H01M8/22) OR CPC:(C01B3/00 OR H01M8/22 OR Y02E50/00 OR Y02E60/30) AND AD:([01.01.2018 TO 31.12.2021]) and EN_ALLTXT:[hydrogen* AND (power* OR fuel* OR energy*)] AND CTR:(CN)"；人工智能专利数据来源于智慧芽创新研究中心发布的《2021 年人工智能专利综合指数报告》。

图 2-1　我国数字经济增加值规模及占比

数据来源：根据中国信息通信研究院发布的《中国数字经济发展白皮书（2020 年）》数据整理。

表 2-2　　各国家或地区企业 5G 专利申请数量（截至 2020 年）

专利拥有者所在国家或地区	5G 专利申请数量（个）	至少在 USPTO、EPO、PCT 备案	至少在一个机构被授予
中国	6234	73.74%	25.57%
韩国	5119	89.65%	62.63%
欧洲	3211	91.25%	66.33%
美国	2591	87.96%	44.31%
日本	1672	83.31%	50.06%

注：USPTO 指美国专利及商标局，EPO 指欧洲专利局，PCT 指专利合作条约。

数据来源：根据 IPLytics 和柏林工业大学发布的《5G 标准必要专利申报的事实发现研究》整理。

2. 智能、低碳、健康成为未来技术演进方向

从全球未来产业发展趋势来看，未来产业主要集中在智能、低碳、健康 3 个方面。一是智能。当前，区块链、扩展现实、量子技术、下一代通信技术、先进计算技术、脑机融合、人机交互等领域是世界各国竞相角逐的科技制高点，未来这些技术将进一步推动产业、经济和社会向更高智能化水平发展。2021 年在上海召开的世界人工智能大会公布的全球人工智能排名显示，全球人工智能排名前 10 位的国家依次为：美国、中国、韩国、加拿大、德国、英国、新加坡、以色列、日本和法国。全球主要经济体在人工智能领域处于领先地位，而美国以 66.31 分的总得分独自占据第一梯队，优势非常明显。二是

低碳。近年来，气候变化引发的极端恶劣天气频发，对全球贸易、运输、现代基础设施、农业、旅游业都带来了严重冲击。在此背景下，2020 年 12 月，气候雄心峰会上各国领导人对未来碳减排作出新承诺。尽管 2010 年后主要经济体碳排放强度进入了一个较长平台期，但距离碳中和的目标仍路途漫漫，未来碳中和的宏大目标的分解与落实将从供给和需求两端推动绿色技术的发展。如表 2–3 所示，2015—2020 年，全球可再生能源总产量从 274.0 百万吨油当量上升到 432.7 百万吨油当量，预计到 2030 年进一步提高到 795.8 百万吨油当量，特别是在亚太地区增量潜力较大，低碳能源的巨大缺口将推动新能源、生物能源、绿色交通、氢能、低碳工业、低成本核能等未来产业群的部署。三是健康。据《柳叶刀》杂志的研究显示，到 2040 年，男性和女性的全球预期寿命会增加 4.4 岁，分别达到 74.3 岁和 79.7 岁。与此同时，从 2016 年到 2040 年，全因总死亡数预计增加 37.6%，而早死导致寿命损失则有所下降，其中 81.0% 的全球死亡归因于非传染性慢性疾病（见表 2–4）。经济发展水平和收入水平提高、人均寿命攀升、全球疫情持续以及慢性疾病医疗需求扩大将推动未来医学、生物医药、未来医院、生物信息学、疫苗研发、精准医疗、老龄化、健康食物、基因编辑等技术的快速发展。

表 2-3 全球可再生能源产量统计和预测（1990—2030 年） 单位：百万吨油当量

年份	1990 年	1995 年	2000 年	2005 年	2010 年	2015 年	2020 年	2025 年	2030 年
北美洲	23.6	18.3	20.7	25.8	40.8	66.3	90.6	123.1	150.6
南美洲和中美洲	1.7	2.3	3.2	5.5	8.7	13.9	18.1	24.4	31.1
欧洲和欧亚地区	4.5	7.0	14.6	34.2	68.4	108.2	154.0	201.4	253.0
中东地区	0.0	0.0	0.0	0.0	0.1	0.5	1.9	5.1	10.6
非洲	0.0	0.2	0.3	0.6	1.3	3.8	8.9	19.2	32.4
亚太地区	5.2	6.8	10.6	15.2	34.6	81.4	159.3	233.9	318.1
可再生能源总产量	35.0	34.6	49.4	81.3	153.9	274.1	432.8	607.1	795.8

数据来源：《BP 世界能源统计年鉴》。

表 2-4　　全球主要病因死亡人数和预测值

	死亡人数（千人）		早死导致寿命损失（年）	
	2016 年	2040 年预测	2016 年	2040 年预测
全因	54698.58	75263.26	1585864.98	1529212.73
恶性肿瘤	8927.40	14880.85	208041.17	295591.07
肺癌	1706.88	2358.90	35966.80	43405.12
乳腺癌	545.59	911.29	14368.87	21012.59
心脑血管疾病	17646.59	21888.53	319638.66	326257.96
缺血性心脏病	9480.54	10872.35	167695.16	161610.26
卒中	5528.23	5973.78	101992.79	91064.29
慢性呼吸疾病	3542.29	5206.46	61574.64	77269.92
慢阻肺	2934.33	4410.06	47146.20	62276.02
哮喘	420.02	393.43	10499.32	7978.51
消化系统疾病	1092.33	1729.74	27082.09	32690.58
神经功能障碍	2825.82	6700.00	34154.45	68735.01
内分泌疾病	3191.13	7211.23	71460.46	125981.86
糖尿病	1437.71	2971.28	28650.00	50614.49

数据来源：Kyle J Foreman, PhD, Neal Marquez, BA, Andrew Dolgert, PhD, et al. Forecasting life expectancy, years of life lost, and all-cause and cause-specific mortality for 250 causes of death: reference and alternative scenarios for 2016-40 for 195 countries and territories. Lancet. Oct 2018.

3. 新技术与传统产业融合加速未来技术发展

当前，摩尔定律放缓，多种化的器件、多元化的工艺、摩尔定律和超摩尔定律同步发展，与新兴技术的融合将放大传统产业的潜力。例如，当下市场对先进工艺的需求十分旺盛，但同样对成熟工艺的需求也十分强劲，人工智能训练成本相比摩尔定律以更快的速度下降，而这也是多元化需求对产业生态的影响，这种影响贯穿了产业链的各个环节。同时，5G、大数据、物联网等新兴技术催生了一系列新的业态模式，深刻改变了生产和消费格局。例如，车联网以车内网、车际网、车载移动互联网等技术为基础，在智能化交通管理、智能动态信息服务和车辆智能化控制等领域应用广泛，2017—2022 年，全球车联网市场规模从 525 亿美元上升到 1629 亿美元，中国车联网市场规模从 114 亿美元上升到 530 亿美元（见

图 2-2），而 5G 技术低延时、高可靠的特点能够突破车辆自组网通信中短暂、不连续的瓶颈，为更迅速的车辆通信提供支持，将为车联网产业带来新的机遇。新兴技术在传统产业中得到了快速和广泛的应用，使传统产业产生变革并有望形成未来产业，各国也开始通过新兴技术与传统产业融合以发展未来产业：美国的先进制造业领域是先进技术对传统制造业的升级，俄罗斯九大市场方向都是新技术与传统产业的融合，日本基于“社会 5.0”提出的六大创新型产业都建立在传统产业基础之上。

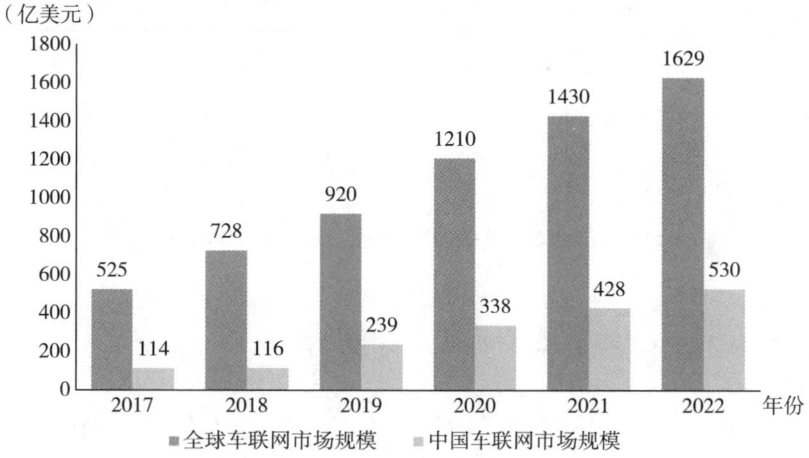

图 2-2 车联网市场规模

4. 发达国家加大力度实施未来产业战略布局

一方面，由于未来产业技术路线不明确、研发风险高、外部性强等特点，发展初期受共性技术供给不足、供给低效的市场失灵的制约，往往需要重大工程项目、国家政策战略布局引导或推动，政府设立的科研部门和攻关项目发挥了重要作用。2021 年的《美国就业计划》《无尽前沿法案》（后更名为《美国创新与竞争法案》）《美国国家科学基金会（NSF）未来法案》中不仅提出发展未来产业相关技术，而且均提出要新设立一个机构——未来产业研究所（Industries of the Future Institutes）

以加快未来产业发展，旨在打造未来产业新型研发模式、管理结构和运营机制等。2019 年，在罗马尼亚召开的布加勒斯特数字大会上，比利时、德国、意大利、卢森堡、马耳他、荷兰和西班牙共同签署了“通信基础设施计划”（QCI），提出将量子技术和系统整合到现有通信基础设施，利用量子基础设施以超级安全方式传输、存储信息和数据，并实现欧盟通信资产全连接。另一方面，未来产业高投入、高不确定性、高风险的特点也需要发挥市场主体活力，促进多方主体参与研发，弥补政府投入资金短缺和思维局限，鼓励科学家自由探索精神，勇于开拓科学技术“无人区”，利用广泛应用场景试错，提高颠覆性技术突破的可能性，增强技术原创包容性。

（二）布局未来产业是应对国际环境变化的必然要求

1. 未来产业引领全球产业布局调整

过去 30 年来，国际分工逐渐由产业内向产品内不断细化，商品的生产流程被拆解为片段化的任务单元，国家（地区）间的产业链供应链相互交织，形成了错综复杂的全球价值链网络。新冠疫情对全球化带来了前所未有的严重冲击，部分行业由于关键中间品供应中断陷入停滞，新冠疫情被视为逆全球化进程的“加速器”。然而，深刻观察全球产业链供应链调整动力机制可以发现，全球价值链扩张放缓的势头已然持续了相当一段时间。2010—2017 年，各行业的前向和后向关联生产步长变化很小（见图 2–3），低技术行业前向关联生产步长还有明显的下降趋势。从 GVC 参与度来看（见表 2–5），2000—2010 年无论是简单 GVC 的前向和后向参与度，还是复杂 GVC 的前向和后向参与度都有增加，但 2017 年大多数行业 GVC 参与度呈下降趋势。

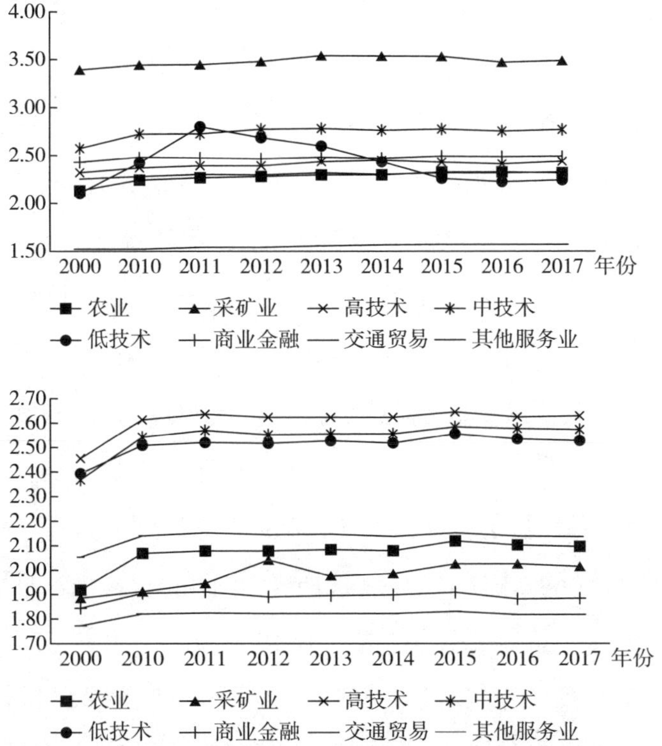

图 2-3 前向关联（上图）和后向关联（下图）生产步长

资料来源：UIBE GVC Indicators Database，根据 WWYZ（2017）方法计算 。

表 2-5 不同行业 GVC 参与度的变化

行业	前向参与度						后向参与度					
	simple GVC			complex GVC			simple GVC			complex GVC		
	2000年	2010年	2017年	2000年	2010年	2017年	2000年	2010年	2017年	2000年	2010年	2017年
农业	5.8	7.8	7.2	2.4	3.6	3.5	5.7	7.5	6.2	2.7	3.8	3.4
采矿业	25.6	34.5	29.6	14.3	19.8	18.8	6.5	6.1	7.6	3.7	5.9	3.8
高技术	13.8	16.1	15.6	11.5	14.6	13.2	8.4	9.8	9.6	13.9	19.0	17.3
中技术	14.5	16.4	14.7	8.0	9.7	9.1	10.0	14.4	13.2	9.1	12.5	12.7
低技术	7.9	9.9	9.5	4.5	5.9	5.8	9.9	11.7	10.5	6.7	10.1	10.0
商业金融	6.6	9.1	9.0	4.0	5.8	6.2	4.2	5.7	5.9	1.7	2.9	3.6
贸易交通	6.2	7.9	8.0	4.0	5.5	5.4	4.9	6.8	6.7	2.2	3.4	3.7
其他服务	1.4	2.1	2.0	0.9	1.4	1.3	5.3	7.6	7.3	1.6	2.5	2.6

注：simple GVC 指一次跨境生产；complex GVC 指两次及以上跨境生产。

资料来源：UIBE GVC Indicators Database，Global Value Chain Report（2019）。

实际上，在行业现有技术路线下，全球产业链供应链延展已接近分工的“天花板”，这意味着分工继续细化的成本将高于由此带来的收益。以最为典型的全球性产业——汽车产业为例，2007年，该行业海外制造的重要零部件有近100个，参与行业价值链的国家和地区多达17个，但此后处在汽车全球产业链上的国家和地区数量再也没有增加，分工深化陷入停滞状态。同时，发达国家制造业回流以及增材制造技术对规模化生产的替代等因素进一步加剧了传统产业链的收缩，反映出以传统分工理论为底层逻辑的动力机制对国际贸易和投资的推动作用正在减弱。随着全球价值链构成中知识含量不断增加，劳动力成本的驱动力逐步下降。目前，全球仅有18%的商品贸易是基于劳动力成本套利。在一些行业的GVC上，劳动力成本导向的贸易份额明显减少，其中，劳动密集型产品制造业的这一比值从2005年的55%降至2017年的43%，而在所有行业的价值链中，研发和品牌、软件和知识产权等无形资产的收入份额增长加快。这种情况在创新型全球价值链中表现得尤为突出。

未来产业有巨大的成长潜力，将可能为全球价值链扩张提供新动力、新增长点，通过催生新需求、挖掘潜在需求，带动新一轮国际投资和贸易发展。例如，目前一些欠发达国家和地区还没有普及4G技术，而科技大国之间却围绕5G的研发、应用、技术标准及基础设施建设展开了激烈竞争。现阶段5G商业化推广远未到位，但科技领先国家已着手布局6G技术的开发，这种局面大大增加了未来科技投入收益的不稳定和海外研发团队构建的难度。面对激烈的国际竞争，布局未来产业的战略机遇稍纵即逝，这不仅要求中国企业对全球科技创新趋势和产业升级方向做出前瞻性预判，而且对进军这些领域的时机选择提出了更高要求。

2. 未来产业关系产业链供应链安全

国际金融危机以来，全球经济复苏一波三折，民粹主义抬头，政权更迭、战争冲突、恐怖主义、贸易摩擦等风险事件在全球范围内更是频繁发生。由图 2–4 可见，近年来，地缘政治风险指数不断攀升，国际不稳定不确定风险阻碍了全球化进程，安全越来越成为各国产业链供应链布局的重要考虑因素。地缘政治风险降低了对国际投资收益前景的预期，一旦地缘政治风险升级为地区冲突或贸易战，造成基础设施关闭或因国际冲突而中断供应，可能导致全球产业链活动因关键中间投入品、关键技术服务供应中断而停止，继而对全球的经济、国家安全和关键基础设施造成巨大影响，因此各国更倾向于将核心技术留在本土或周边容易控制的区域。

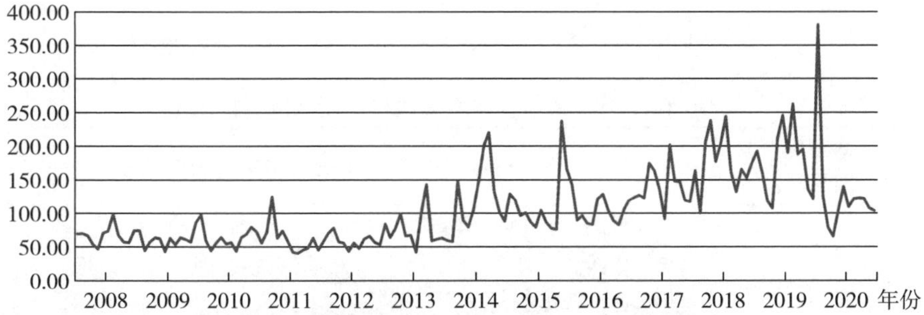

图 2-4 全球地缘政治风险指数（2008—2020 年）

资料来源：参考 Caldara, Dario and Matteo Iacoviello（“Measuring Geopolitical Risk”, working paper, Board of Governors of the Federal Reserve Board, December 2019）的计算方法。

未来产业将可能颠覆现有生产方式，人工智能、量子通信、新能源、生物医药等未来技术在今后一个时期有望形成规模可观的产业和重要的产业链条，具有“卡脖子”风险的新环节将会出现。目前，世界主要国家均已将培育和发展未来产业作为抢占新一轮经济和科技发展制高点的重大战略，而随着中美贸易摩擦不断升级，2018 年以来美国加大了对中国新兴产业发展的遏制力度，抢夺技术主导权。我国未来产业将长期面临挑战与机遇并存的复杂国际环境。

3. 数字经济提供未来产业发展机遇

当前新一轮科技革命和产业变革突飞猛进，数字科技和产业是其中创新最活跃、影响范围最广、产业规模最大的领域。数字经济的发展从两个方面提供了数字经济发展新机遇。

一方面，颠覆性数字技术大量涌现，其中的一些新技术在未来有望通过工程化变为新产品新服务，生产规模和市场的进一步扩大将会形成新产业。美国高德纳公司（Gartner）每年会发布 Gartner 新兴技术成熟度曲线，其中的绝大多数都属于数字技术，而且每年都会有大量的新兴技术上榜和退出（详见表 2–6），反映出数字经济领域颠覆性技术不断涌现的特征，也意味着数字产业化是未来产业的重要推动力。

表 2-6　Gartner 新兴技术成熟度曲线中的新兴颠覆性技术

年份	达到生产高峰期需要的年限	处于新技术诞生期和投资期望峰值期的技术
2018年	5~10年	知识图谱，神经形态硬件，面向数据安全的区块链，边缘人工智能，会话式人工智能平台，自修复系统技术，量子计算，人工智能PaaS，智能机器人，自主移动机器人，智能工作空间，生物芯片，数字孪生，碳纳米管，物联网平台，硅阳极电池
	超过10年	生物科技（培养组织）或人工组织，自动驾驶飞行汽车，智能微尘，通用人工智能，4D打印，外骨骼，L5级自动驾驶，立体显示，脑机界面
2019年	5~10年	沉浸式工作空间，虚拟现实（AR）云，生成对抗网络，自适应机器学习，数字化运营，去中心化自治组织，迁移学习，情感AI，轻型货运交付无人机，合成数据，知识图谱，拟人化，可解释AI，近地轨道卫星系统，边缘分析，人工智能PaaS，生物芯片，图形分析
	超过10年	生物技术，去中心化网络，纳米级3D打印，自动驾驶飞行器，L5级自动驾驶

续表

年份	达到生产高峰期需要的年限	处于新技术诞生期和投资期望峰值期的技术
2020年	5~10年	可认证溯源，AI增强设计，自监督学习，双向脑机接口，生成对抗网络，差异化隐私，私有5G，小数据，自适应机器学习，公民数字孪生，个人数字孪生，多重体验，负责任的AI，数据编制，安全访问服务边缘（SASE），可解释型AI
	超过10年	DNA计算与存储，可自然降解传感器
2021年	5~10年	数字平台指挥者工具，人工智能增强设计，影响力工程化，机读法规，基于物理信息的人工智能，主权云，行业云，同态加密，自集成应用，组装式网络，去中心化金融，主动元数据管理，多重体验
	超过10年	量子机器学习，人工智能驱动的创新，命名数据网络，数字人类
2022年	5~10年	自主系统，生成式设计AI，机器学习代码生成，客户数字孪生，最简可行架构，增强财务运维，因果AI，可观测性驱动开发，内部人才市场，行业云平台，超级应用，计算存储，Web3.0，基础模型
	超过10年	网络安全网络架构，元宇宙，数字人类

说明：包括 Gartner 新兴技术成熟度曲线处于“新技术诞生期”和“投资期望峰值期”两个阶段的技术。

资料来源：根据 2018 年至 2022 年 Gartner 新兴技术成熟度曲线编制。

另一方面，数字技术属于典型的通用目的技术（General Purpose Technologies，GPT），持续创新演进、在广泛领域获得应用并对应用数字技术的产业产生深刻的影响。当前，数字化正在改变传统的线性供应链模式，在人工智能、大数据、云计算、物联网、先进机器人和增材制造等数字技术的支撑下，产业互联网结链成网，聚合产业链上多种类企业和多种生产要素，为各方提供交互机会。与此同时，依托于传感器、工业软件、网络通信系统，形成新型物—物、人—人和人—机交互方式，实现人、设备、产品、服务等要素和资源的相互识别、实时联通，全面提升了产业链供应链资源配置效率。新冠疫情进一步催生了对数字化、“无接触”技术、产品和服务的巨大需求，大数据、人工智能、无人驾驶、智慧医疗等新技术新产业的应用场景不断丰富，市场快速扩容。同时，新冠疫情倒逼各国企业加快数字转型，教育和医疗等行业对在线学习或咨询的依赖增强，网上支付和其他形式的无现金支付以及电子商务的使用范围迅速扩大（见图 2-5），一些国家和地区政府援助的方式已转为在线支付。数字经济的蓬勃发展带动了新型基础设施投资需求急剧增长。数字化为未来产业发展提供了广阔的应用场景实验，基于从消费需求端和生产供给端搜集的大量数据要素，能够科学、高效地挖掘市场潜在需求，以及探索生产工艺的改进空间，为未来产业的商业化推广提供现实支撑，推动创新链与产业链的精准对接。与此同时，尽管一些研究指出数字化加剧了发达国家和发展中国家之间的“数字鸿沟”，但数字化真实地扩大了发展中国家参与全球价值链的选择，如印度的业务流程外包成绩令人瞩目、菲律宾将自身定位为业务流程外包的全球的领先者，而这些在非数字化条件下对于上述发展中国家是难以想象的。数字化给予了发展中国家参与研发、设计等产业链上游环节，以及销售、服务等产业链下游环节的机会，而并非只被局限在产业链中段的加工装配环节，使发展中国家存在未来产业“弯道超车”的可能。

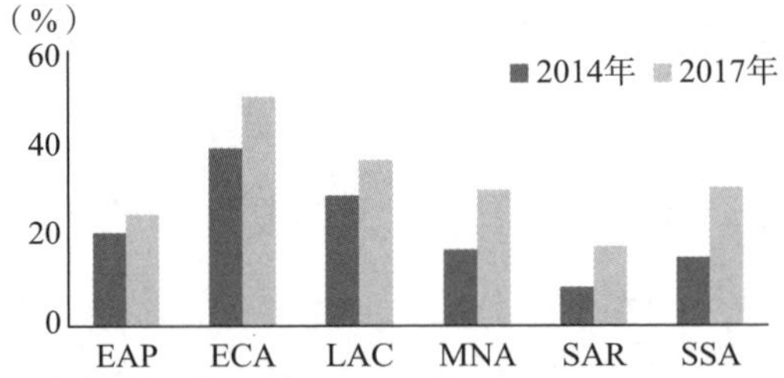

图 2-5　全球数字支付的人数占比

注：EAP 为东亚和太平洋地区，ECA 为欧洲和中亚地区，LAC 为拉丁美洲和加勒比地区，MNA 为中东和北非地区，SAR 为南亚地区，SSA 为撒哈拉以南非洲地区。

资料来源：世界银行数据库。

4. 绿色低碳推动未来绿色技术发展

2020 年 12 月，气候雄心峰会上各国领导人对未来碳减排作出新承诺，普遍上调了《巴黎协定》的碳减排目标。中国政府向国际社会承诺 2030 年前碳排放达到峰值并努力争取 2060 年前实现碳中和。美国政府也于 2021 年 1 月 20 日宣布重新加入《巴黎协定》。从图 2–6 可见，2010 年后主要经济体碳排放强度进入了一个较长平台期，美国和欧盟各国虽然呈缓慢的下降趋势，但距离碳中和的目标仍路途漫漫。碳中和目标的分解和落实将从供给和需求两端推动全球产业链供应链的绿色转型。一方面，碳减排目标将最终落实到消费层面，而且消费者也越来越倾向于购买低碳产品；另一方面，碳中和目标约束下，各国将优化能源消耗结构，提升可再生能源在整个能源消费中所占比重，通过碳存储、碳汇等方式吸纳“增量”的碳排放，企业也要采取各种措施提高能效和碳耗，减少整个价值链全过程和产品生命周期中的碳排放。从图 2–7 可见，各经济体每单位 GDP 碳排放量整体呈下降趋势，特别是中国、俄罗斯降幅明显，但距离控制地球气温上涨目标的要求仍然有巨大差距。全球各经济体对碳减排的共识及目标的实现，根本上需要科技创新的支撑，包括可再生能源（如氢能）、碳捕获、碳吸附、碳存储等前沿技术，创造了规模巨大的潜在市场，将会推动低碳技术催生规模可观的未来产业。

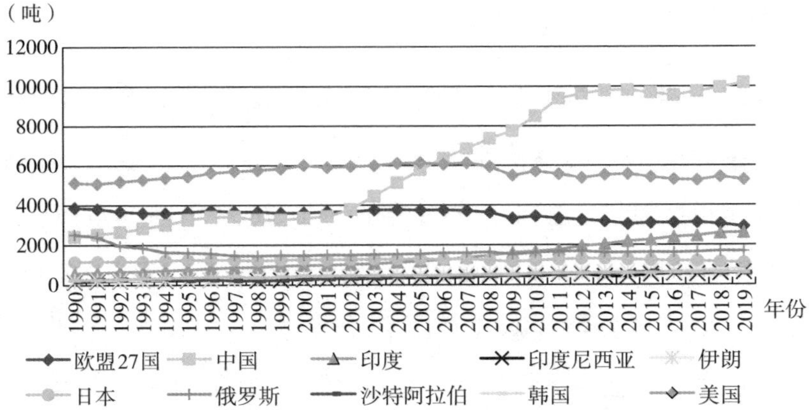

图 2-6　1990—2019 年各经济体碳排放量

资料来源：根据 Global Carbon Atlas Database 数据资料整理。

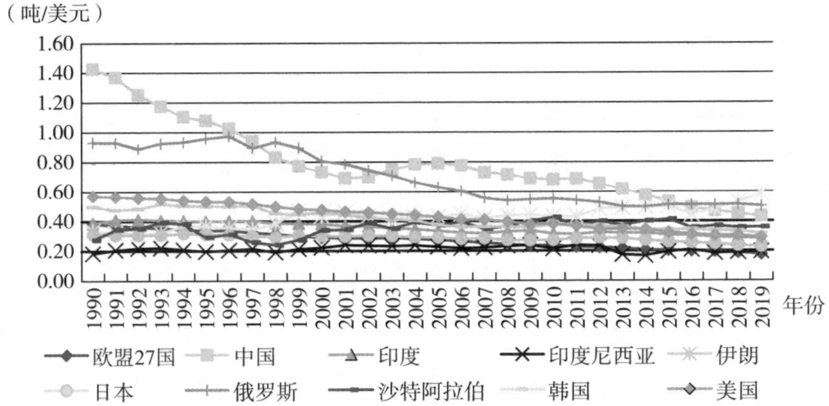

图 2-7　1990—2019 年各经济体每单位 GDP 碳排放量

资料来源：根据 Global Carbon Atlas Database 数据资料整理。

5. 大国竞争改变国际技术合作模式

当前，由于各国在决策程序、争端解决机制、承诺方式等诸多方面难以达成一致，WTO 的权威性和有效性受到挑战，甚至面临被边缘化的风险。同时，全面与进步跨太平洋伙伴关系协定（CPTPP）、中欧全面投资协定、区域全面经济伙伴关系协定（RCEP）、欧盟与日本自由贸易协定等新型高水平区域或双边贸易和投资协定逐渐兴起，区域内价值链有替代全球范围内分工的趋势，产业链供应链区域化和本土化特征更加明显。从图 2-8 可见，除 2009 年、2015 年和 2016 年以外，亚洲各国中间品贸易规模不断提高，且区域内中间品贸易占中间品贸易总额的比重在大部分年份呈上升趋势，区域产业集群分工部分替代全球分工。此外，疫情以来，出于规避风险考虑，跨国公司将部分核心业务回缩至本土，或选择与本国距离较近、更容易掌控的地区。

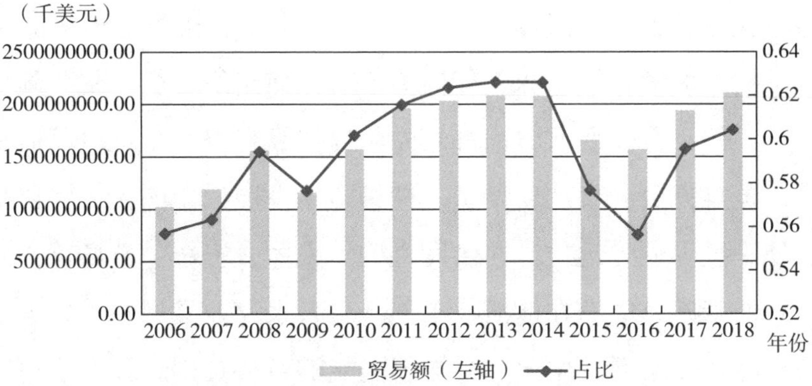

图 2-8 亚洲各国中间品贸易规模和占比

资料来源：根据 Uncomtrade 数据整理，根据广义经济分类（Broader Economic Categories，BEC）的定义标准界定中间品类别，并转换为对应的 HS6 分位编码。

未来将不限于区域内中间投入商品贸易的快速发展，区域内技术交流水平也将进一步提高，如专利、商标、版权、品牌、产品设计、软件、数据库支持等技术服务合作在跨国公司的主导下将得到更广泛开展，据《全球价值链发展报告 2021：超越制造》显示，如果考虑到无形资产的要素收入，中美贸易顺差将在当前的核算结果基础上减少 32%。未来产业领域的技术创新和技术服务合作将成为国际合作的重要领域。值得注意的是，区域内技术服务贸易规模的不断增加将对不同主体间分工协调、信任关系建立以及交易的监管和核算提出新的挑战，而公共区块链技术能够推动跨货币、金融和互联网的新型合作，通过开源软件实现去中心化，未来将在区域内的技术合作中发挥更大的作用。

（三）中国率先突破未来产业对世界的意义

1. 中国发展未来产业有利于全世界科技共同发展

科学技术进步是人类社会共同的福祉。在全球分工迅速深化的今天，科学技术的复杂性意味着任何国家、任何组织可能在某些领域处于前沿地位，但不会在所有方面都领先，仅依靠自身力量难以盘活全球创新存量，更难充分激发创新增量。经过多年发展，中国在一些科学技术领域已处于世界领先地位，在研发机构、人才、资金、市场等方面都具备了良好的基础，能够在前沿技术创新和未来产业发展中发挥重要的作用。从全球角度来看，中国的参与不但能够对科技创新和产业化转化提供强大支持，加速前沿技术突破的速度，而且还能够通过超大规模的市场，进一步拉动前沿技术产业化的步伐。

2. 中国发展未来产业有利于全世界消除贫困

消除贫困是当今国际社会的共同使命。新冠疫情在 2021 年对贫困人群产生了更加不利的影响，全世界新增了 1 亿绝对贫困人群（日均生活费低于 1.9 美元）。贫困是对人基本生存权利的侵犯，贫困带来的难民问题、地区冲突、恐怖主义、环境恶化、疾病传染等构成了世界稳定和发展的巨大隐患，并对全球的贸易、投资、能源安全等带来不利影响。技术创新有助于帮助发展中国家走出贫困，例如，人工智能技术可以用于提高农业的生产效率，带动贫困国家和地区的居民增收；生物医药技术可以帮助贫困国家和地区居民提高对传染病的抵御能力，提高贫困地区人口的生产率和生活质量。未来产业的发展一方面提供了消灭贫困的生产力工具，另一方面未来产业本身也是经济增长的动能。降低贫困不仅是广大发展中国家的利益诉求，而且需要国际社会的共同努力，但发达国家长期以来并没有很好地履行国际责任，帮助发展中国家通过技术进步消除贫困。中国始终坚持“和平、发展、公平、正义、民主、自由”的全人类共同价值观，中国在未来产业上的发展不仅将有助于带动中国人民实现共同富裕，而且将能更好地向欠发达国家提供资金、技术，帮助它们消除贫困。

3. 中国发展未来产业有利于构建共享共赢的国际分工格局

共享共赢是经济全球化健康发展的保障。近半个世纪以来，经济全球化促进了全球经济的增长，特别是帮助新兴市场国家和发展中国家有效参与国际产业分工，经济全球化的大方向是正确的，但当前世界经济复苏缓慢，发展不平衡加剧，逆全球化思潮有所抬头。主要原因在于，美国等西方国家仍然采用零和思维，在追求自身利益时不顾其他国家利益，不能正视中国等发展中国家全球价值链分工地位的跃升，企图通过技术封锁打压发展中国家的产业升级。

长期以来，中国本着共商、共建、共享的原则，发挥资源、市场、劳动力等比较优势各异和产业结构的互补优势，寻找发展契合点扩大合作，不断深化利益交融格局。中国率先在未来技术上实现突破，将有助于打破美国等西方国家的技术垄断和对全球分工格局的强权干预，引导经济全球化健康发展，加强协调，完善治理，推动经济全球化进入一个开放、包容、普惠、平衡、共赢的新纪元。

二、前瞻布局未来产业对中国的重要意义

从人类经济发展的历史上看，不断涌现的颠覆性技术和新兴产业是后发国家实现“换道超车”的历史机遇。中国应抓住当前新一轮科技革命和产业变革突飞猛进的契机，“开辟发展新领域新赛道，不断塑造发展新动能新优势”，加快推进全面建设社会主义现代化国家的伟大事业。

（一）布局未来产业是开辟发展新赛道、塑造发展新动能的关键

党的二十大报告指出，要“开辟发展新领域新赛道，不断塑造发展新动能新优势”。科技创新是经济增长的根本动力，未来产业由前沿技术所推动，代表着新一轮科技和产业革命的发展方向，有望在前沿技术成熟后进入商业化产业化阶段，形成具有较大规模、增长速度快、发展潜力大的新兴产业，成为国民经济增长的新动能。由于未来产业处于产业生命周期的早期，技术成熟度不高，产业扩张的成本优势不显著，因此虽然发展潜力巨大，但是发展仍然面临供给端的技术和需求端的市场两方面动力不足的制约。未来产业高投入、不确定的特点决定了前期需求大量的资本投入，但产业不成熟、市场需求小的特征决定了在未来产业的许多细分赛道，特别是处于早期发展阶段的领域，存在着民间投资不足的问题。这就需要国家层面对未来产业进行战略布局以弥补市场失灵缺陷，推动前沿技术的突破、强化市场需求侧的引导，从而加快未来产业的成熟和发展壮大。面对新一轮科技革命和产业变革中不断涌现的颠覆性创新，以及由此催生的新产品、新模式、新业态乃至新产业，布

局未来产业是把握未来发展主动权的战略举措，需要主动作为，不是被动应对，是长期战略，不是权宜之计。

传统生产要素特别是劳动力成本低在过去一个较长的时期内是中国制造业形成国际竞争优势的重要因素，但随着资源环境制约日益凸显、人口红利逐渐消失，中国传统劳动密集型产业成本优势弱化，低端生产环节竞争力下降。如图 2–9 所示，2018 年相较于 2006 年，中国动植物产品、塑料橡胶制品、毛皮制品、木制品、纸制品等劳动密集型产品的比较优

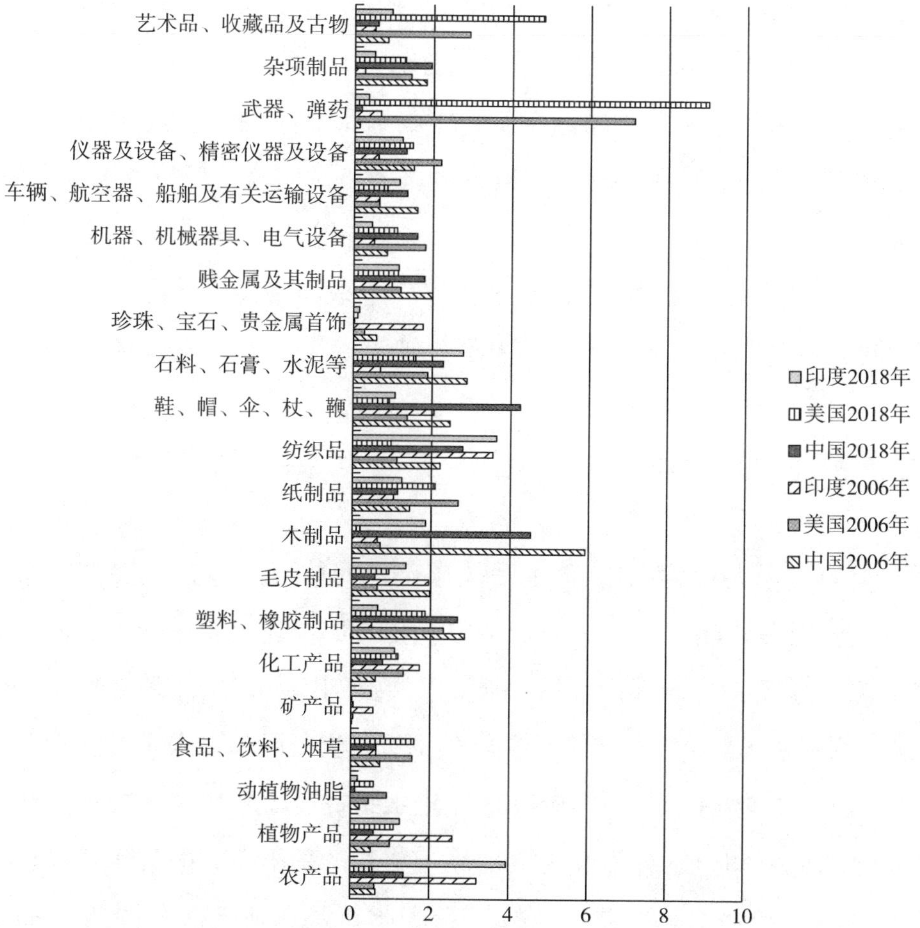

图 2-9　中国、美国、印度比较优势指数变化（2006 年和 2018 年）

资料来源：根据 Uncomtrade 数据整理。

势下降明显，且车辆、航空器、船舶及有关运输设备、仪器及设备、精密仪器及设备等资本、技术密集型产品比较优势与美国仍有一定差距，而与此同时，越南、印度等国家的低技术密集度产品比较优势呈上升趋势。这表明我国在产业链供应链的高端和低端环节正遭受发达国家和新兴发展中国家的双重挤压，如果丧失了产业链低端环节的要素禀赋优势，但尚未培育与高端环节相匹配的要素结构，则可能面临“掉链”的风险。

在产业链供应链的高端和低端环节受到双重挤压的不利条件下，一方面，我国必须不断向价值链的高端环节攀升，以应对来自印度、越南等发展中国家不断升级的竞争；另一方面，以美国为首的发达国家在集成电路、生物制药、5G 等战略性产业的高端环节不断对我国围堵和打压。面对上述严峻挑战，我国不但要在既有的技术框架实现关键技术自主研发，突破现阶段的“卡脖子”技术制约，还需要有创造性、前瞻性的思维，在量子信息、氢能与新型储能、类脑智能、未来网络、生命健康、前沿新材料等领域超前布局，开辟未来产业发展新赛道，实现“换道领跑”。

（二）布局未来产业是建设现代化产业体系的关键抓手

党的二十大报告指出：“建设现代化产业体系。坚持把发展经济的着力点放在实体经济上，推进新型工业化，加快建设制造强国、质量强国、航天强国、交通强国、网络强国、数字中国。”总体来看，布局未来产业能够从要素供给、终端需求、区域产业布局和融入全球产业分工体系四个维度促进产业链供应链现代化水平提升。在供给侧方面，未来产业将创造新动力，有望成为推动经济增长的新引擎，引导市场主体向更先进的生产力聚集，催生新技术新产业新业态新模式。例如，3D 打印技术的快速发展使数字化库存和分布式制造成为可能，在未来，制造商可以按需生产打印3D部件，以单批或小批量生产，无须持有单批或小批量部件的实物库存，减小运输成本和对外部供应商的依赖。在需求侧方面，需求质量是促使产业链供应链转型升级的重要动力，未来产业能够挖掘潜在需求、引领新需求，即不仅可以更好地满足人们现有需求，还将创造新的应用场景和新消费需求。随着经济社会发展和人民生活水平的不断提高，多样化、个性化消费增速加快，未来产业发展空间愈加广阔。例如，运用计算机图形技术、人机交互技术、传感器技术、人机接口技术等，借助专业设备，能够让用户进入虚拟现实，实时感知操作，满足沉浸体验的需求。在区域产业布局方面，《“十四五”东西部科技合作实施方案》指出，“东西部科技合作是完善区域科技创新体系，推动区域和跨区域协同创新的重要举措，对于提升西部地区创新能力和解决发展不平衡不充分问题具有重要意义”。疫情暴发以来，在外部市场需求锐减、国际供应链中断等不利外部条件下，与前三年均值相比，2020年我国东部地区产量占全国的比重普遍有明显的下降，特别是钢材、汽车、微型计算机等资本和技术密集型行业（见表2–7）。与此同时，中部、西部地区较多省份产量份额都有明显的上升，例如，中部地区的手机和微型计算机、西部地区的钢材产量份额都普遍增加。东部地区科研院所众多，研发优势明显，作为国内大循环的中心和国内国际双循环的战略链接，需要加速发展未来产业，填补产业转出的空白。例如，上海市人民政府办公厅印发的《上海市先进制造业发展“十四五”规划》提出“集合精锐力量，落实集成电路、生物医药、人工智能三个‘上海方案’，建设世界级产业集群”。在融入全球产业分工体系方面，全球产业链在2007年后已接近了“分工天花板”，劳动力成本对全球价值链布局的驱动作用逐渐减弱，未来产业将激发全球分工的新动力，积极布局未来产业有利于我国更好融入全球价值链，对国际投资流入产生新的吸引力。

表 2-7　　2020 年我国各省份产品产量占比与前三年均值相比的变化　　单位：%

	省份	原油	天然气	布	氮磷钾化肥	水泥	钢材	汽车	电冰箱	手机	微型计算机
东部地区	北京	—	-0.231	—	—	-0.040	-0.019	0.095	—	2.170	-0.458
	天津	0.366	0.035	-0.190	0.009	-0.022	-0.024	0.337	-0.332	-1.455	—
	河北	-0.045	-0.113	-1.538	0.267	0.661	-0.228	-0.172	—	—	—
	上海	0.160	0.208	0.067	-0.005	-0.020	-0.326	-0.169	-0.289	-0.106	-0.608
	江苏	-0.019	-0.284	1.435	0.590	-0.618	-0.216	-0.983	1.998	0.691	-5.428
	浙江	—	-0.138	0.717	0.662	0.116	-0.021	-0.044	-0.809	-0.480	-0.327
	福建	—	—	1.328	0.417	0.123	0.116	-0.113	—	0.979	-0.557
	山东	-0.286	0.010	-2.243	-0.560	0.422	0.127	1.385	-0.636	-1.500	-0.026
	广东	0.695	0.571	0.524	-0.103	0.006	-0.227	0.640	5.738	-2.335	-2.661
	海南	-0.002	-0.012	—	0.107	-0.159	—	-0.065	—	—	—
中部地区	山西	—	1.095	-0.002	0.745	0.372	0.230	-0.130	—	0.450	0.001
	安徽	—	-0.029	0.032	0.844	-0.058	-0.090	1.186	-6.500	0.012	1.761
	江西	—	-0.009	0.234	0.097	0.148	-0.009	-0.240	-0.306	1.390	5.685
	河南	-0.286	0.010	-2.243	-0.560	0.422	0.127	1.385	-0.636	-1.500	-0.026
	湖北	-0.010	-0.175	0.207	-2.253	-0.761	-0.523	-0.703	0.191	-0.753	0.714
	湖南	—	0.002	-0.049	0.180	-0.391	-0.038	-0.453	—	1.039	0.254
西部地区	内蒙古	0.008	0.570	—	-0.150	0.113	0.133	0.033	—	—	—
	广西	-0.005	-0.002	-0.040	0.108	-0.226	0.685	-0.958	1.032	0.853	0.248
	重庆	—	0.281	-0.007	0.856	-0.164	0.020	-0.575	0.532	-2.429	1.855
	四川	-0.003	-0.008	0.827	-0.626	-0.059	0.003	0.094	0.131	4.151	-0.503
	贵州	—	0.045	0.020	-2.067	-0.394	0.035	0.208	0.002	-0.735	-0.027
	云南	—	-0.001	—	-1.114	0.124	0.234	-0.420	—	-0.715	-0.017
	西藏	—	—	—	—	0.049	—	—	—	—	—
	陕西	-4.176	-0.260	0.295	0.312	-0.123	0.077	0.283	—	0.007	—
	甘肃	4.266	0.165	—	-0.002	0.158	0.091	-0.034	—	0.039	—
	青海	-0.012	-0.660	—	0.867	-0.097	0.007	—	—	—	—
	宁夏	-0.001	—	0.036	0.501	-0.029	0.121	—	—	—	—
	新疆	0.915	-0.874	0.574	0.666	-0.091	-0.117	-0.052	—	0.365	0.003
东北地区	辽宁	-0.079	0.029	0.014	-0.028	0.417	-0.404	-0.334	-0.115	-0.108	0.119
	吉林	-0.009	0.031	0.005	0.017	0.053	0.098	0.096	—	—	—
	黑龙江	-1.478	-0.253	-0.002	0.223	0.068	0.138	-0.299	—	-0.031	-0.001

注：浅灰色代表份额上升，深灰色代表份额下降。

数据来源：国家统计局网站。

此外，据经济合作与发展组织（OECD）统计，2005—2015 年我国由国际贸易诱发的国内碳排放量从 1538.2 百万吨增加至 2014.3 百万吨。一方面在于产业的结构性问题，中国部分产业仍处于价值链中低端环节，创造每单位经济效益仍需要耗费较多的能源和实物资源。疫情暴发以来，全球产业链受到严重冲击，中国作为生产能力恢复最快的经济体，发挥了全球制造业复苏的引擎作用，但需要警惕的是国际市场大量订单造成的低端高耗能产能回流。另一方面受限于生产技术制约，长期以来出口企业低端同质化竞争较为严重，出口额的增加主要来源于数量规模的提高，而质量和价格的贡献有限，而且低碳生产技术有较长的回报周期和不确定性，企业缺乏研发和采用新技术的动力。中国处于国际贸易诱发的碳排放的核心位置，国际贸易对中国碳排放存在巨大的诱发作用，如何在继续扩大开放的条件下实现绿色转型是我国构建绿色低碳循环发展经济体系面临的重要问题之一。

（三）布局未来产业是科教兴国战略的重要体现

党的二十大报告指出，“必须坚持科技是第一生产力、人才是第一资源、创新是第一动力，深入实施科教兴国战略、人才强国战略、创新驱动发展战略”。中共中央、国务院印发的《国家创新驱动发展战略纲要》（以下简称《纲要》）提出，我国科技事业发展的目标是，到 2020 年时使我国进入创新型国家行列，到 2030 年时使我国进入创新型国家前列，到新中国成立 100 年时使我国成为世界科技强国。从近期目标来看，《纲要》要求“主要产业进入全球价值链中高端。不断创造新技术和新产品、新模式和新业态、新需求和新市场”，以及“总体上扭转科技创新以跟踪为主的局面。在若干战略领域由并行走向领跑，形成引领全球学术发展的中国学派”。未来产业是由前沿科技推动的，未来产业的发展不仅将带动基础科学、产业共性技术更快地发展，而且还能够推动工程化、产业化相关技术的成熟和应用。未来产业作为科学技术发展的最前沿，对一国科学技术发展具有标杆和示范意义。可以说，未来产业的布局及其发展情况，将决定今后一个时期一个国家的科技创新水平在国际上的地位。当前，我国的科学技术在航空航天、新能源、轨道交通等多个领域达到全球先进水平，整体科研水平实现了质的提高，在世界知识产权组织发布的国家创新能力指数榜单中连续 3 年进入全球前 15 位，已经实现了迈入创新型国家行列。但距离实现 2030 年进入创新型国家前列的目标，需要的不仅是科技实力的提升，还需要思维的转变，即由跟跑者、模仿者向领跑者、创造者的转变。未来产业的技术路线仍不够清晰，我国与发达国家站到了同一起跑线上，因此不能以旧赛道差距作为标尺，在未来产业新赛道须敢为人先，积极布局未来产业实现“换道领跑”。

从远期目标来看，《纲要》要求“到 2050 年建成世界科技创新强国，成为世界主要科学中心和创新高地。劳动生产率、社会生产力提高主要依靠科技进步和全面创新。国防科技达到世界领先水平”，以及“拥有一批世界一流的科研机构、研究型大学和创新型企业，成为全球高端人才创新创业的重要聚集地”。在本质上，与劳动、资本等传统要素类似，各国（地区）间初始创新要素禀赋的差异决定了创新要素会向收益率更高的国家（地区）集聚，规模经济递增和传输成本下降通过“累积性因果循环”机制，加剧了各国（地区）间创新要素配置的不平衡、不充分。未来产业可能颠覆现有的技术框架，打破创新要素“累积性因果循环”机制，在科技进步外部冲击下促进创新系统实现更高水平的均衡。积极布局未来产业有利于为高端创新人才、领军创新企业提供广阔的未来发展舞台，增强我国对全球创新要素、创新资源、创新企业的吸引力，为我国成为世界主要科学中心和创新高地提供人才储备和要素支撑。

（四）布局未来产业有助于应对外部不确定性风险

党的二十大报告指出："我国发展进入战略机遇和风险挑战并存、不确定难预料因素增多的时期，各种'黑天鹅''灰犀牛'事件随时可能发生。"不确定性风险对全球价值链和国际生产体系的挑战在于新工业革命、保护主义与大国竞争、新冠疫情相互交织，致使包括技术进步、成本优势、贸易环境在内的那些以往具有正向动力的因素表现出更为复杂的影响，甚至在特定的历史时期有可能"异化"为全球化的反作用力，积极布局未来产业有助于应对上述挑战。新冠病毒具有传染性，很难控制，这意味着对于许多人与人之间的互动来说，远程进行更安全。人工智能技术与机器人或其他自动化技术结合，可以更好满足公共服务需要，降低疾病传播可能。此外，疫情也促进了未来医学、生物医药等领域的发展，例如，未来可能通过基因编辑技术使人类具备抵抗病毒的能力。

中美贸易摩擦以来，美国为首的发达国家对我国高科技领军企业的打压逐渐升级，通过列入"实体清单"、扣留货物等手段直接干预我国高科技企业投资贸易，或通过"长臂管辖"条例间接干预其他国家向我国提供核心部件或技术。科技部、国家发展和改革委员会等部门印发的《加强"从0到1"基础研究工作方案》指出，"新一轮科技革命和产业变革蓬勃兴起，国际竞争向基础研究竞争前移，科学探索不断向宏观拓展、向微观深入，交叉融合汇聚不断加速，一些基本科学问题孕育重大突破，可望催生新的重大科学思想和科学理论，产生颠覆性技术"。未来产业的技术标准、应用范畴、业态模式尚不明确，尽管美国等发达国家纷纷作出了战略部署，但还没有形成针对中国的科技围堵。一方面，我国与发达国家有较大的合作空间，积极布局未来产业有利于我国统筹全球创新资源，融入全球创新体系；另一方面，未来产业提供了新赛道，提供了“换道领跑”的可能。

未来技术发展有助于促进内需潜力释放，确保国内大市场发挥稳定器作用，增强抵御外部不确定性风险的冲击能力。随着居民收入水平不断提高，我国内生需求潜力得到有效释放，2006—2020年我国社会消费品零售总额和占GDP的比重整体呈上升趋势（见图2-10）。目前，我国60%的人口的收入占到了总收入约30%的份额，按照当前的增速，未来这部分人的真实可支配收入将翻倍，而且随着收入的增长，人们将更加追求个性化、差异化和发展型的产品和服务，为创新型产品和服务提供了更大的市场空间。我国超大规模市场优势提供了丰富的应用场景，为企业创新获利提供了广阔的获利空间，为高水平原创性创新活动提供激励，将有助于从需求端引导未来技术发展，特别是中等收入人群的持续扩大将为需求潜力的释放提供契机。

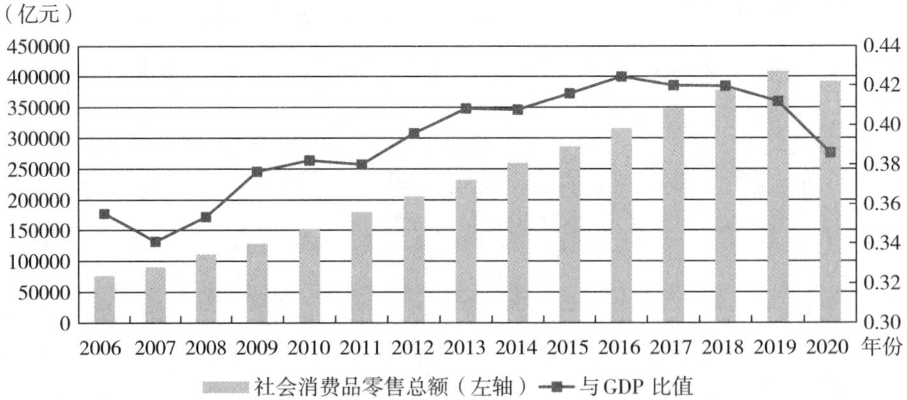

图 2-10　2006—2020 年中国社会消费品零售总额及与 GDP 比值

第三章

代表性未来产业的历史考察

未来产业是今后一个时期能够成长为战略性新兴产业和主导产业，是对于国家经济发展具有重要推动和支撑作用的产业。未来产业是一个动态的概念，今天的未来产业是明天的战略性新兴产业、后天的支柱产业。如果回望历史，今天的战略性新兴产业、支柱产业在昨天就是“未来产业”。当前的未来产业发展具有很高的不确定性，难以对它今后的技术路线、应用场景进行准确的预测。但当今的战略性新兴产业或支柱产业，有许多在若干年前也曾经是当时的未来产业，经历了从前沿技术到大规模产业化的较为完整的发展历程。对历史上的未来产业发展历程进行考察，有助于我们更清晰地了解未来产业的演进规律。历史上的未来产业由于技术—经济特点、发展环境等方面的差异，其发展路径也不尽相同，呈现多种模式。本章选取人工智能、核能、新能源汽车与动力电池、第五代计算机四个案例，考察未来产业发展的主要推动力以及发展中的经验与教训，为我们更深入地认识未来产业的演进规律提供借鉴。

一、人工智能：基础理论突破推动的未来产业

人工智能从理论的提出到大规模产业化应用已经有七十余年，且经

历了多次技术路线的变换。人工智能技术创新与产业发展的历史为我们提供了一个近距离观察前沿技术创新与未来产业演进的样本。

（一）人工智能的发展历程

人工智能技术发展的历史非常典型地呈现技术演进路线的不确定性、潮涌现象以及多条技术路线竞争的特征，其产业化过程中的主导设计或领先技术路线出现了数次反复。

1. 发展初期多条技术路线竞争式演进

人工智能的理论探索可以追溯到 17 世纪，莱布尼茨、笛卡儿尝试将思考形式转化为数学。人工智能的现代探索则开始于 20 世纪信息技术的发展。人工智能先驱艾伦·图灵在 1937 年论文中提出了“图灵机”的概念，并在 1950 年的论文中提出“图灵测试”。1956 年 8 月，约翰·麦卡锡、马文·闵斯基、克劳德·香农、艾伦·纽厄尔、赫伯特·西蒙等学者在美国达特茅斯学院举办“关于如何用机器模拟人的智能”的学术研讨会，正式提出了人工智能（Artificial Intelligence，AI）的概念。

自 20 世纪 50 年代开始，科学家们尝试应用计算机程序进行抽象化、符号化的数学证明，并取得了一定的成功，但是随后人工智能系统在数学定理的证明方面陷入瓶颈，在自然语言翻译方面也遭遇滑铁卢（王天一，2017）。20 世纪 60 年代初期，美国计算机科学家费根鲍姆首先将视线从抽象的通用证明方法转移到具体的专家知识上来，认为人工智能应在知识的指导下实现，这一构想催生了专家系统（Expert System）。这种内部存储着某领域大量专家水平的知识与经验的专家系统与“知识工程”，能够利用人类专家的知识和经验进行推理和判断，模拟人类专家决策过程。20 世纪 80 年代中期，已出现大量投入商业化运行的专家系统。但是专家系统的不足也是非常明显的：专家系统的运行需要大量外界的知识输入，耗时耗力，知识获取存在瓶颈；一组从专门知识中推演出的逻辑规则只能适用该特定领域，不能解决需要极其复杂逻辑推理的“常识问题”；复杂系统中的规则数量非常庞大并且会不断增加，追踪所有的规则变得十分困难（谢诺夫斯基，2019）。

面对专家系统技术路线撞上的“高墙”，人工智能科学家们继续沿着不同的路径进行探索。20 世纪 80 年代到 90 年代的十年，形成了符号主义、连接主义和行为主义三大学派鼎足而立的格局。符号主义认为，人工智能实现的重点在于对人类思维中数理逻辑的模拟，其原理主要为物理符号系统（即符号操作系统）假设和有限合理性原理（贲可荣和张彦铎，2006）。连接主义认为人工智能源于仿生学，其原理为神经网络及其之间的连接机制与学习方法。行为主义则认为人工智能以控制论与感知—行为型控制系统为基础。

2. 基础研究的突破带来大规模产业化的实现

受到当时的理论模型、生物原型和技术条件的限制，连接主义因为不足以解决现实问题而在 20 世纪 70 年代后期至 80 年代初处于低潮。20 世纪 80 年代，大卫·鲁梅尔哈特（David Rumelhart）推广了反向传播法，使多层感知机有所突破，连接主义运动开始。在医学及神经科学进展的推动下，人类对自身大脑运作方式的探索愈渐深入，人工智能科学家在此基础上设计出类神经网络的算法，利用神经细胞传递资讯的方式赋予机器学习的能力。神经网络最重要的改进出现在世纪之交的 2000 年，两位俄罗斯科学家弗拉基米尔·万普尼克和阿列克谢·切沃内基斯提出了统计学习理论，并进一步提出了支持向量机模型。2006

年，杰弗里·辛顿发表深度信念网络论文。至此，沿着连接主义路线推进人工智能产业化的理论障碍被清除，到2016年深度学习技术的代表——DeepMind公司的AlphaGo接连战胜李世石、柯洁等人类最好的围棋选手，人工智能的巨大威力获得社会各界的关注，标志着人工智能大规模产业化的开始。

（二）人工智能产业发展的经验总结

1. 多学科融合的基础研究路径

人工智能在学科分类上属于信息科学与技术领域，但是人工智能技术进步的动力不仅来自人工智能学科本身，而且来自多个学科技术的支撑，受到多领域科技发展的启发。根据《2019年中国新一代人工智能发展报告》，人工智能呈现明显的学科交叉、融合发展态势。人工智能领域的学术论文涉及多个学科，包括计算机科学（发文数占比为43%），工程（20%），数学（13%），物理与天文学（3%），医学（3%），社会科学（3%），生物化学、遗传学和分子生物学（2%），神经科学（2%），材料科学（2%），决策科学（2%），能源（2%），地球与行星科学（2%），环境科学（1%），艺术与人文（1%），农业和生物科学（1%）。从人工智能基本原理的视角看，数学与逻辑学、控制论和信息论、生物学特别是神经科学构成了人工智能的主要理论来源。

2. 政府对研发的支持及对早期市场的推动

美国作为发展人工智能产业最早的国家，早在20世纪就发布了一系列产业政策支持计算机、信息通信和互联网等前沿技术的发展。从信息技术起步开始，美国就是该领域的世界技术引领者和产业主导者，美国在信息技术发展及其产业化过程中，均获得了政府的大力支持。美国国防部高级研究计划局（Defense Advanced Research Projects Agency，DARPA）是美国人工智能研究与应用的重要领导者，推动了人工智能技术的实际应用。20 世纪 70 年代，DARPA 自动语音识别和图像处理的研究在一些军事系统上开始应用。20 世纪 80 年代，DARPA 成立战略计算项目，以此提高所有计算和信息处理领域的优势，人工智能成为战略计算项目的一个基本组成部分。1983 年，DARPA 支持卡内基·梅隆大学、斯坦福大学和麻省理工学院开展陆地自动巡航计划，这是无人驾驶汽车的主要开端之一。2007 年，为提高指挥员临机决策的速度和质量，DARPA 启动了“深绿（Deep Green）”计划，将仿真嵌入指挥控制系统。苹果公司的 Siri 也是 DARPA CALO 项目的衍生产品。

进入 21 世纪，美国政府着眼于互联网、芯片与操作系统等计算机软硬件以及金融、军事和能源等领域，通过发布数个人工智能发展规划，从国家战略层面加紧布局，构建包括法律框架体系、评估体系、科技情报体系和人才培养体系等在内的人工智能综合国家框架体系，加大对基础研究的投入，大力扶持技术研发机构和各类实验室，力争成为全球标准体系的制定者和人工智能技术与产业化的领导者。比如，2011 年 6 月，奥巴马政府推出了《先进制造业伙伴计划》；2013 年，发布国家机器人计划《机器人技术路线图：从互联网到机器人（2013 版）》；2016 年 10 月，美国总统行政办公室、国家科技委员会（NSTC）发布了《为人工智能的未来做好准备》和《国家人工智能研究和发展战略计划》两份重量级报告，美国成为世界上第一个将人工智能发展上升到国家战略层面的国家。

3. 互补产业的协同发展

人工智能技术的成熟和产业化以及人工智能在国民经济中充分发挥作用，需要依赖互补技术的提升与互补产品的发展。当前主流的人工智能技术路线是深度学习，而深度学习技术的商业化同样需要互补技术发展的支撑。辛顿 2006 年发表开拓性论文十年之后人工智能的商业应用才迎来爆发的原因也正在于此。深度学习建立在海量的数据以及对海量数据分析处理的基础之上。将传统的资料和信息数字化代价高昂，而对海量数据的计算需要强大的运算能力支撑。在很长的一段时间内，既无可低成本获得的海量数据，也没有足够强大且成本低廉的计算能力，因而深度学习理论在提出之后并没有表现出如今这样强大的应用能力。

基于深度学习的人工智能的商业化建立在计算机处理能力和运算速度的提高以及海量数据的可获得性的基础之上。一方面，算力的进步与算法的发展相辅相成。按照所谓的摩尔定律，计算机处理能力每 18 个月翻一番，这就意味着计算机的算力将呈指数级增长。在传统的计算机结构中，以擅长逻辑控制和通用类型数据运算的 CPU 为计算核心，GPU 主要用于图形处理。后来发现，GPU 在浮点运算、并行计算方面的优势可以很好地匹配大数据分析的需求，因而在 2012 年后被广泛应用于人工智能领域。随着 GPU 在人工智能领域的使用、专用人工智能芯片的开发以及云计算的发展，计算机处理能力和运算速度获得大幅度提高，支持多层神经网络的巨大计算量得以实现。2016—2017 年，更大的批尺寸（Batch Size）、架构搜索和专家迭代（Expert Iteration）等的进步，以及定制化硬件（如 TPU 和更快的内部连接）的产生，允许更复杂算法的运行。近 7 年来，人工智能训练任务所需的算力呈指数级增长，目前每 3.5 个月算力增长一倍（Amodei 和 Hernandez，2018）。另一方面，互联网技术的发展和广泛使用产生海量的低成本数据。电子商务、社交网络、共享经济、新闻推荐和视频等互联网商业模式的发展产生大量的数字化数据，其无须经过复杂的处理就可以作为人工智能学习的素材；而“互联网 +”的推动及互联网与传统行业的深度融合，也使传统行业的数字化程度不断提高，使原本生产经营过程中不可获取或未数字化的数据得以持续产生、汇集，成为深度学习的素材和本产业领域智能化赋能的基础。深度学习通过构建多层的机器学习模型，进行大量数据素材的训练，从中高效地寻找新规律或新知识，并掌握数据中更关键的特征，进而提升分类和预测的精度。在实际应用中，深度神经网络相当于大脑，而大数据则成为重要的训练素材。大量数据在训练中可产生涟漪效应，使深度学习能够不断地进行自身优化，达到更优的结果。可见，硬件是发动机、数据是燃料，凭借卓越的计算能力、利用深度学习方法、以海量数据为素材进行训练，人工智能技术得以实现从实验室向工程化、产业化的跨越，并在国民经济、居民生活和政府管理等领域获得广泛的应用。

二、核能利用：重大工程推动的未来产业

一些前沿科技转化形成的产品由于产品结构和生产工艺复杂，即使基础理论实现突破，但从科学发现到产品原型再到产业化应用仍然是一个漫长的过程。由于周期长、投资大，私人部门无力也不愿参与，因此国家支持下的重大工程在技术实现工程化及推进相关产业发展过程中就发挥了关键作用。第二次世界大战中美国政府实施的曼哈顿计划催生的

核能产业就是其中的典型案例。

（一）曼哈顿计划及其影响

曼哈顿计划（Manhattan Project）是美国陆军部于 1942 年 6 月开始实施的利用核裂变反应来研制原子弹的计划。原子弹的理论基础是著名科学家爱因斯坦提出的狭义相对论和质能方程。1938 年，德国科学家奥托·哈恩和弗朗茨·施特拉斯曼首先实现了原子裂变反应。当这一消息传到美国后，美国科学家非常担心德国会抢先造出原子弹，于是推举爱因斯坦上书美国总统罗斯福，敦促他注意这一事态。罗斯福随即决定着手原子弹的研制工作，1941 年又成立了由他本人直接领导的最高领导小组。同年，英国的科学家也进行了一系列试验。1942 年，美、英、加决定成立共同研究原子弹委员会，并将三国所有研究原子能的科学家集中到美国的新墨西哥州，从事代号为“曼哈顿计划”的原子弹研制工作。此后，三国科学家在美国政府的大力支持下，解决了一系列科学上、技术上和生产上的难题，终于在 1945 年成功试爆了第一颗原子弹，创造了科学史上一大奇迹。这颗原子弹爆炸释放的能量相当于 2 万吨 TNT 炸药爆炸的能量，比科学家原来估计的还大 20 倍。接着，美国便将其用于实战。1945 年，美国将研制成功的另两颗原子弹分别投放到日本的广岛和长崎，加速了日本投降时间的到来。曼哈顿计划集中了当时西方国家（除德国外）最优秀的核科学家，历时 3 年，最终整个计划取得圆满成功。

第二次世界大战期间特殊的战争需求加上特殊的相应措施，使许多原来尚未明朗的科学技术快速成熟起来，催生并影响着一大批产业的发展。曼哈顿计划中取得的科学、工程技术突破为战后核能的和平利用打下了基础。原子弹的研制成功引发了一场意义重大的能源革命，开启了人类利用核能发电的时代。美国主要电气设备制造商和核子反应器生产者工厂西屋电气公司于 1957 年建成了美国第一座商用核电站，为世界各地的核电站提供种类繁多的核电站产品和服务。目前，全球近 50%、美国近 60% 正在运行的商业核电站均采用了西屋电气公司的核电技术。此外，核能技术还被广泛用于农业、医学、生物学及工业领域作为示踪、防腐、探伤、治疗和科研的重要手段。

（二）曼哈顿计划的特点

第二次世界大战中原子武器研制的竞赛是一场在高科技领域里的较量。这场高科技竞赛的结果在相当程度上决定着战争的进程甚至人类的命运。第二次世界大战之所以能对科技进步发挥特殊的推动作用，是因为它对当时的科学技术提出了特殊的需求。各主要交战国的政府根据战争需求不失时机地采取了一系列非常措施介入科技领域。

一是国家领导人亲自过问和督促。因为事关战争的胜负，各国领导人在第二次世界大战期间对科技发展特别是军事科技的发展极为重视，经常亲自过问和督促。1939 年，著名科学家爱因斯坦受众多科学家的委托致信美国总统罗斯福，请他注意德国可能制造“极有威力的新型炸弹的动向”，并建议美国加速原子弹的研制工作。罗斯福接到信件后，马上召集有关专家和官员听取汇报，指示“对此事要立即采取行动”，并成立了“铀顾问委员会”，以后又亲自出任研制原子弹的最高领导小组负责人。英国首相丘吉尔对科学技术在军事上的应用抱有极高的兴趣。他在第二次世界大战期间自始至终都用印有“今日行动”的备忘录驱使相关部门加紧干，不断向它们施加压力、发出指示、给予勉励和劝告。不仅如此，他有时还亲自制订计划。日本首相除领导国防省和总司令部外，还亲自兼任军械部部长，以示对军事科技开发的重视和支持。体现国家意志的领导人亲自过问和督促，为重大科技项目的实施和进展提供了可靠的政治保证。可以设想，如果罗斯福对科学家们的建议无动于衷，那么美国原子弹的爆炸也许要推迟好几年。

二是成立权威性专门机构进行组织与协调。一项重大科研项目往往需要许多有关部门的参与和配合。为使各有关部门形成合力，并避免不必要的重复和浪费，各大国在第二次世界大战期间都成立了权威性专门机构，以便进行组织与协调。美国的科研力量原来比较分散，因而特别加强了集中与统一。1940 年 6 月，美国总统罗斯福授权成立了由国防部门、大学和私营工业代表组成的国防研究委员会，作为国防科研的最高管理机构。次年 6 月，又建立了科学研究与发展局，具体负责审批科研项目并提出新的科研任务。为了实现研制原子弹的曼哈顿计划，美国还成立了由总统、副总统、国防部长、陆军参谋长和另两名科学家组成的最高领导小组。苏联在战时对自己的科研领导体制也进行了重大改组。同样，英国、德国、日本等都根据自己的情况，加强了对科研工作的组织领导。这些权威性专门机构都制订了研制计划，规定了明确目标，而且通过一系列强制性措施，以保证有关项目的优先地位，为科技的迅速发展提供了必要的组织保证。

三是不惜投入巨额财力和物力。科技发展离不开财力和物力的支持。但从短期来看，科学技术，特别是基础科学与军事技术的投入与产出是很不成比例的，因而，不仅是私营企业，即便是国家在和平时期对科技的投入也往往是很“吝啬”的。例如，美国在 1939 年对其国防科研与发展的拨款仅为 2640 万美元，比其农业科研经费（2910 万美元）还要少。但在战争情况下，特别是在像第二次世界大战这种事关国家兴衰存亡的情况下，各国为了抢在敌人之前攻下科技难关往往不惜成本，更愿意拿出尽可能多的财力和物力。美国为了抢在德国之前造出原子弹，实施了庞大的曼哈顿计划。该计划占用了全国 1/3 的水电，参加人员约 60 万人（其中科技人员 15 万人），耗资 20 多亿美元，超过了此前任何一项科研发展项目的代价。德国为了发展 V 型火箭，仅从 1937 年至 1940 年就花费了 5.6 亿马克。美国的国防开支，1940 年为 14.9 亿美元，到 1945 年增加到 812.1 亿美元，增长了 53.5 倍。英国的军费在 1938 年仅占国民收入的 5.4%，到 1941 年便增加至 52%。苏联 1940 年的国防开支为 568 亿卢布，1941 年增至 830 亿卢布，到 1944 年又增至 1378 亿卢布（彭训厚，1996）。德国、日本的军事费用开支同样惊人。各大国的庞大军事拨款，有相当大一部分都是用于发展军事科技的。国家财力物力的集中使用，再加上严密的计划管理，对促进科技的飞跃发展起到了重要作用。

（三）曼哈顿计划的适用条件

曼哈顿计划是在战争时期由国家制定并主导的计划，在和平时期，国家对产业的大力扶持同样有可能获得成功。科学研究与工程技术创新都需要大量的资金和人才投入，通过国家力量集中资源有可能加速这一进程。但是这种国家力量主导下的产业发展有其适用条件。一是技术或行业选择一般是关系国民经济和社会发展的战略性、基础性、先导性产业。二是存在严重的市场失灵。科学研究是典型的存在正外部性的部门，对一些工程化和产业化风险高、投入大、周期长的项目，也存在私人部门不愿参与或投入严重不足的情况。三是存在规模报酬递增的领域。由国家集中资源投入到特定产业领域虽然在一定时期造成了资源的扭曲配置，但如果这一行业具有规模报酬递增的特点，那么该行业科学技术和产业化的提前突破，总体上将会创造更大的国民财富，对于经济增长和国家安全都具有重要意义。

三、新能源汽车及动力电池：国家政策推动的未来产业

世界各国大力发展新能源和低碳产业，是为了及早减少二氧化碳排放并实现碳中和，以避免地球气温的上升带来灾难性后果。由于新能源在发展的早期不具有与现有产品竞争的性能和价格优势，因此新能源产业的发展无论在科技创新还是在产业化方面都获得了政府的大力支持。我国新能源汽车与动力电池产业目前已处于全球较为领先的地位，国家政策的推动发挥了重要作用。

（一）我国新能源汽车与动力电池产业发展情况

2001 年，我国“十五”期间启动了“863 计划”电动汽车重大专项，提出发展新能源汽车。2007 年 11 月 1 日正式实施的《新能源汽车生产准入管理规则》，对新能源汽车进行了定义，对企业生产资格、产品管理等作出规范。这个文件也被业界视为国家鼓励新能源汽车市场化的开端。2008 年北京奥运会期间，出现混合动力、纯电动、燃料电池汽车示范运营，其中有 595 辆节能与新能源车、50 辆锂离子电池奥运大巴。2009 年 3 月，国务院发布《汽车产业调整和振兴规划》，首次提

出大规模发展新能源汽车的目标，同年我国启动了“十城千辆”计划，主要涉及公交、出租、公务、市政、邮政等领域。国内新能源汽车的产业化在城市运营车辆上率先开始。但由于技术薄弱、充电基础设施落后等原因，截至2012年底最终只有7个城市实现了1000辆的目标。在总结经验、吸取教训后，我国及时调整新能源汽车的技术研发路线。2012年国务院出台《节能与新能源汽车产业发展规划（2012—2020年）》，提出以纯电驱动为战略取向，重点推进纯电动汽车（BEV）和插电式混合动力汽车（PHEV）。一年后，国家建立空气重污染预警制度，北京率先对新能源汽车的牌照给予优惠且不受限行管制。同时，高额的补贴、免购置税等一系列推动措施，使得消费者购买新能源汽车的意愿大大增加。新能源汽车的发力群体开始由运营端（B端）转向消费端（C端）。随着需求被补贴等优惠政策激发出来，大量车企入局，电动汽车产业开始进入大规模产业化的阶段。针对新能源汽车“骗补事件”，国家适时出台相应政策，比如有针对性地补贴续航里程更高、能耗更低的汽车，且财政补贴逐年退坡。同时，国家出台《电动汽车充电基础设施发展指南》和《关于加快电动汽车充电基础设施建设的指导意见》等文件，加快充电桩等新一代基础设施的建设，为新能源汽车的使用提供了便利。2018年，我国宣布取消汽车制造行业的外资限制，尤其是新能源汽车制造领域。不少国外新能源汽车企业入华，促进了本土新能源汽车企业和动力电池企业成长。一方面激励本土传统车企或造车新势力发展；另一方面带动了整个新能源汽车产业链的发展。2019年开始，补贴政策进一步退坡，新能源汽车和动力电池企业经历“大浪淘沙”，头部企业出现，整个行业朝着高质量方向迈进。

我国新能源汽车产业发展从小到大、从弱到强，成为引领全球汽车产业转型升级的重要力量。通过实施新能源汽车国家战略，强化顶层设计和创新驱动，新能源汽车产业实现快速发展。新能源汽车累计销量从2012年底的2万辆大幅攀升到2022年5月底的1108万辆，成为全球首个新能源汽车保有量突破1000万辆的国家。自2015年起，产销量连续7年位居世界第一。国务院办公厅发布的《新能源汽车产业发展规划（2021—2035年）》中提出：到2025年，我国新能源汽车新车销售量达到汽车新车销售总量的20%左右；到2035年，纯电动汽车成为新销售车辆主流，国内新能源汽车市场前景更加广阔。

新能源汽车产业的发展也带动了动力电池产业飞速发展。一是产业规模持续提升。现阶段我国新能源汽车市场拥有超50家动力电池配套企业，有效总产能由2016年的63GWh/年上升至350GWh/年。2022年全年我国动力电池累计产量545.9GWh，累计同比增长148.5%，为我国新能源汽车产业发展提供良好的供应保障（数据来自中国汽车动力电池产业创新联盟）。二是产品竞争力显著增强。从技术水平看，掌握了基于正向开发的底层控制技术，动力电池单体能量密度相比2012年提高1.3倍、价格下降80%，支持车辆续航里程最高超1000千米；充电速率明显提升，部分车辆已具备3C快充能力；安全防护有效改善，涌现出“刀片电池”“弹匣电池”等创新技术和产品；产品竞争力提升也助力企业参与国际竞争，2021年，我国动力电池装机量为154.5GWh，同比增长142.8%，占全球总装机量的一半以上。全球前十位的动力电池企业中，中国占6席。三是产业链配套不断完善。我国已建立电池材料供应体系，正极、负极、隔膜、电解液等关键材料已完全实现国产化供应，产品性能与成本水平位居前列，并实现海外布局和大规模出口。铜箔、铝箔形成完整产业链布局，技术处于领先水平。全套生产装备的国产化率已经达到90%以上，关键工序的装备国产化率达84%。动力电池回收利用体系初步建立，持续推动关键材料循环利用。

从配套环境看，截至 2021 年底，累计建成充电桩 261.7 万个、换电站 1298 座，形成全球最大充换电网络。

（二）新能源汽车与动力电池产业成功的原因

我国新能源汽车与动力电池产业发展的成功得益于国家的大力支持，市场机制也发挥了重要的作用。

一是选择发展方向相对明确的产业。高度不确定性是未来产业的典型特征。由于高不确定性的存在，政府无法像在追赶阶段那样，对一样成熟的但与世界先进水平存在差距的产业选择特定的企业和技术路线加以支持。但是新能源汽车产业具有其特殊性，虽然具体的技术路线无法预测，但是在全球高度重视气候变化、全世界 178 个缔约方共同签署气候变化协定——《巴黎协定》、主要大国提出碳达峰和碳中和时间表的情况下，在交通运输这一主要能耗和碳排放领域实施节能减碳就成为一项确定的任务，由此形成的新能源汽车及动力电池就成为一个发展方向比较明确的市场和产业。

发挥国家政策的支持引领作用。新能源汽车与动力电池产业在发展的初期阶段，我国本土企业从技术到规模均落后于国外先进企业。同时，作为替代燃油汽车的新产品，电动汽车无论在性能还是价格上都不具有优势，市场的接受度很低。基础研究、产业共性技术研究、工程开发以及充电站、充电桩等配套环节的巨大投资，企业无法在较短时间内仅凭个体努力得到较好回报，缺乏研发和制造电动汽车的动力。因此，新能源汽车及动力电池的技术研发、大规模生产，市场推广和终端配套设施的补足，都需要国家政策的扶持。中国制定了一系列促进政策来推动新能源汽车及动力电池产业发展。自 2001 年开启“863 计划”电动汽车重大专项以来，我国新能源汽车产业得到迅速发展，大致经历了战略规划期、导入期和成长期三个发展阶段。在新能源汽车产业发展过程中，产业扶持政策对于维持产业稳定、健康、可持续发展起到重要作用。

通过供给侧补贴发挥市场选择作用。尽管新能源汽车产业的需求明确，但是具体的技术路线仍然存在巨大的不确定性。市场最终的胜利者往往是选对技术路线和市场应用场景的企业，反之，市场的失败者很有可能是选错了技术路线或者应用场景，或者二者兼而有之。如果政府直接采购产业中某一具体企业的产品，则有很大的概率选错技术路线。因此，政府在对新能源汽车支持过程中，选择了对用户而不是直接对汽车生产商的支持政策。相反，如果政府对最终用户进行补贴，实际上就是在市场侧引进了竞争机制。最终用户从自己利益最大化角度出发，会选择给自己带来最大价值的产品，这会向企业释放出用户需求特点的信号，不但能够引导企业向这个方向推动技术创新和新产品开发，而且企业间的竞争会向企业施加巨大的压力，成为企业加快技术创新和产业化的动力。

通过逐步降低补贴强度加强企业创新激励。德国古典经济学家李斯特在他的幼稚产业保护理论中指出，国家对于重要的但当前缺少国际竞争力的产业应采取适当的保护政策以提高其竞争力，但是保护需要有恰当的期限，一旦达到竞争力提高的目的就应该撤销保护政策。国家如果对未来产业保持同等强度的支持，会产生两方面后果：一是企业通过获得政府补贴就可以实现盈利，因而缺少开展创新的动力；二是随着市场需求的扩大，政府难以承受不断增长的补贴额度。在新能源汽车产业政府实施补贴退坡政策，使产业发展早期企业能够获得利润并开展持续的创新。随着新能源汽车性能的提高、市场需求的增长、成本的下降，企业需要越来越少的补贴就能够盈利。退坡型的补贴政策兼顾了激发企业投资的动力和强化企业持续创新的动力。

四、日本第五代计算机产业：未来产业发展的教训

日本为了在计算机技术上赶上和超过美国，1981 年由通产省制订了一项雄心勃勃的第五代计算机计划。这个计划的目标是开发出一种由 1000 个处理机构成的超大型并行计算机。该计划实施的十多年中耗资 4 亿多美元，但由于未能实现预想的目标，日本政府于 1992 年 6 月初宣布，准备把为此项工程开发的软件无偿赠送给任何公司，包括外国公司，该计划被迫中止。

（一）日本第五代计算产业发展概况

随着 20 世纪 70 年代末 VLSI（超大规模集成电路研究计划）等尖端技术赶超计划的成功，日本对本国的技术发展水平和研发能力产生了一种自信和乐观的态度，认为本国的技术已达到世界先进水平，产业发展目标不应当去追赶欧美最新技术，而应该积极发展领先技术，实现技术跨越。与此同时，日本也面临欧美国家的指责，批评日本企业不善于创新，只会拷贝西方技术。在这种背景下，从 20 世纪 80 年代开始，日本的产业政策开始出现新的变化，产业技术政策在产业政策体系中的重要性日益突出，在政策导向上更加重视技术进步与产业发展的紧密结合，强调高科技对产业结构调整的先导作用。日本产业政策支持的重点是知识密集型的新兴产业，大力发展超大规模集成电路、第五代电子计算机、智能机器人等尖端产业及生物产业和新能源产业等下一代基础产业部门。日本选择了若干国际技术前沿领域，制订了雄心勃勃的技术跨

越计划，其中影响最大的是第五代计算机计划，日本试图通过这个项目，实现计算机的人工智能化，从而抢得战略性新兴产业发展的先机，并领导知识革命的新潮流。

第五代计算机研究与开发计划（FGCS）历时12年，在通产省的最终评估报告中，自诩FGCS的目标已实现，并说大部分的海外研究者都评价为极好或卓越。尽管FGCS在技术上取得了部分突破，但最终没能攻克关键性的技术难题。更重要的是，与FGCS当初的市场设想完全相反，20世纪90年代世界计算机应用的主流方式是个人电脑和小型工作站通过互联网和通信网络相连接的分布式网络，统治了计算机领域几十年的大型机时代已宣告结束。尽管从纯技术的角度来看，第五代计算机在某些领域确实取得了远远领先于欧美企业的技术突破，但由于它的功能与设计已经与市场主流应用背道而驰，因此使得第五代计算机基本丧失了商业价值，产业化更是无从谈起。从这个意义上来看，FGCS基本失败。由于通产省的技术预测失误，通产省和日本IT企业穷十年之功的这项研究成果不仅没有产生直接的商业价值，而且由于研发方向的偏差，使曾经一度缩小的日美IT企业之间的技术差距继续扩大，延缓了日本计算机产业的发展，在90年代末席卷全球的知识经济浪潮中，日本IT企业在商业和技术上没有太大的作为。除此以外，日本在模拟高清晰度电视的研发、软件工业推广和维护援助计划（SIGMA）等项目上也遭遇了失败。

（二）日本第五代计算机产业失败的原因

日本虽然在第五代计算机的研发及推广上投入了大量的资金及精力，但最终还是选择终止这一计划，其原因主要有以下几个方面。

技术路线方向的背离。由于计算机技术的高速发展，1982 年为该项计划所选定的技术路线已经偏离了 1992 年计算机工业的发展方向。第五代计算机在实现真正的人工智能方面没有取得根本性突破，当初所设想的某些功能在 21 世纪也许是不现实的。

缺乏市场的推动。新技术和新产品的开发必须受到市场的推动。计算机市场的走向说明，如今几乎没有人对特殊的智能计算机感兴趣，备受青睐的倒是通用计算机。美国硅谷的太阳微系统公司就是因为看准了这一方向而一举成功的。美国许多不起眼的公司也是因为看准了并行计算机市场而大展宏图，它们所开发的超大型并行计算机由数万个处理机组成，比第五代计算机所用的处理机多得多。

死板僵硬的体制阻碍了科研计划的进程。到 20 世纪 80 年代中期，人们已经清楚地知道，实现并行计算并不一定非要依靠传统的人工智能技术，其他一些方法（如神经网络和美国思维机器公司创造的大规模并行处理技术）看起来更有发展前途。但由于通产省已经把它的计划在大藏省备了案，按照日本的现行体制，它除了按预定方案搞下去别无其他选择。

（三）日本第五代计算机产业失败的经验总结

在第二次世界大战后几十年的经济赶超中，日本政府形成了一套比较完善的扶持新兴产业发展的产业政策，并且能够根据产业发展阶段的不同和国内外经济环境的变化及时进行政策调整。从 20 世纪 80 年代开始，日本经济的赶超时期基本结束，进入了国际技术前沿的探索时期。尽管日本政府运用产业政策的经验更加丰富，财力也更加雄厚，但产业政策对战略性新兴产业的扶持效果大不如前，在实现技术跨越方面屡屡无功而返，第五代计算机开发计划的失败就是一个比较典型的例子。通过日本政府扶持第五代计算机产业发展的教训，可以获得一些启示。

第一，由于不确定性高，政府主导前沿技术和未来产业方向存在失败风险。在第二次世界大战后很长一段时间里，日本政府通过选择主导产业并加以大力扶持，促进这些产业迅速成长，继而推动产业结构升级。这种政府主导的发展战略及为实现战略而推行的产业政策，在经济赶超阶段可能会比较奏效，因为有发达国家的产业发展经验可借鉴。但随着国内产业结构的高科技化和经济结构的日趋复杂，政府认知能力的局限性潜藏着预测失误的可能。如果政府对下一个阶段关键技术和产业发展的判断出现较大的失误，那么挑选并扶持重点产业的政策不仅可能导致大量资源的浪费，还有可能贻误时机，延缓相关产业的发展。

第二，政府对未来产业的支持，不仅要关注前沿技术的突破，还考虑市场需要。第五代计算机开发计划把重点放在少数技术前沿的突破上，而不是致力于推动现实应用。在第五代计算机开发计划的制订者看来，第五代计算机使用的人工智能技术是对当时的大型计算机技术的一场革命，一定会受到使用者的欢迎，因此，在整个研发过程中几乎没有考虑新旧技术的兼容性、消费者的习惯和费用等问题，完全按照研发者的思路去开发独特的软硬件。但研发者没有预料到个人电脑和计算机工作站的迅速普及及互联网的爆炸式扩张，这些意料之外的技术发展，使日本自行开发的第五代大型计算机系统游离于市场主流之外，完全丧失了市场价值。这启示我们，在选择未来产业的时候一定要考虑产品的市场需求潜力、产业的经济技术效益及能否带动一批产业的兴起。

第三，政府应当定位于提供鼓励创新的制度安排。由于新兴技术与相关市场都具有极大的不确定性，开拓新兴产业的任务只能由企业自己来完成。为了鼓励企业创新，政府的任务应当是推动建立有利于创新的制度环境和激励机制，鼓励企业开展技术创新并提供优惠政策，积极支持教育和人力资源培训，鼓励建立长期投资和促进资金有效配置的稳定的金融市场，推动风险投资的发展，为技术创新和技术扩散提供补贴等。只有在一个鼓励创新的制度下，企业在追求创新垄断收益的过程中才会逐渐研发出新兴的主导技术，在此基础上才会形成新兴主导产业群。这个过程充满挑战，探索的主力军是企业，政府无法替代。

第四章

科技创新在未来产业发展中的作用

未来产业在每一阶段的发展特征受该阶段技术成熟度、技术范式、技术轨道（技术路线）的影响大，当出现明确的主导设计且有足够大的用户群体产生市场利润时，未来产业将演进为新兴产业。在新科技革命和产业变革背景下，未来产业有了更加广泛的科技来源，从科技创新的视角，未来产业的发展可以从基础研究的突破开始，经历工程化（小试中试）和商业化（初期产业化）阶段，而且在整个发展过程中，产业化不仅促进了技术的优化和成熟，而且在与市场需求的互动中，更优的技术路线和产业业态也被选择出来。

一、驱动未来产业的技术来源

未来产业由尚未大规模商业应用的技术所驱动，科技进步是形成未来产业的关键和必要条件，那么对未来科技发展的认识就决定了对未来产业发展方向的看法。十余年来，以信息技术进步为代表，世界进入新一轮科技革命和产业变革期，科技和产业大国、强国都在加强对未来产业驱动来源的认识，通过长期性的战略规划和具体政策措施聚集优质要素资源，引导技术研发方向和产业转型升级方向。

美国国会在 2021 年 4 月推出了《无尽前沿法案》的新版本，计划在国家科学基金会（National Science Foundation，NSF）中设立一个新的技术和创新理事会（Directorate for Technology and Innovation，DTI），《无尽前沿法案》规定了 DTI 十个初始的关键科技研究领域，之后每三年将作一次目录更新，当前这十个领域包括：

- 人工智能、机器学习和其他先进软件开发；
- 高性能计算，半导体和先进计算机硬件；
- 量子计算和信息系统；
- 机器自动化与先进制造；
- 自然和人为灾害防御；
- 先进通信技术；
- 生物技术、医疗技术、基因组学和合成生物学；
- 网络安全、数据存储和数据管理技术；
- 先进能源，电池和工业效能；
- 先进材料科学、工程学和其他重点领域。

美国陆军对 32 份由政府机构、咨询机构、智囊团、科研机构发表的科技趋势相关报告进行了提炼，在对 700 项科技趋势的综合分析对比的基础上，提出了 20 个最值得关注的科技发展趋势（见表 4–1）。

表 4-1　　美国陆军预测的 20 个最值得关注的科技发展趋势

科技趋势	代表性技术	实际应用
机器人与自动化系统	机器学习 传感器与控制系统 人机交互	AI机器人 机器人神经系统 微软聊天机器人Tay
增材制造	速度、尺寸、可靠性增强 全新合成材料 生物打印	多材料3D打印 3D打印人行天桥 外科生物墨水
数据分析	可视化 自动化 自然语言处理	深度学习超级计算机 犯罪预测 智慧交通系统

续表

科技趋势	代表性技术	实际应用
人类增强	可穿戴计算设备 外骨骼与假肢 药物增强	机械外骨骼 生化手指 自我量化
智能手机与云端计算	高效无线网络 近场通信与低耗能网络 电池优化	数据流动 移动端软件 云端移动处理器
医学	定制化医疗 再生医学 生物医学工程	耐药细菌 电处方 干细胞疗法
网络安全	生物鉴定技术 自我进化型网络 下一代加密和解密技术	网络隐私与安全 信息截取 国家网络安全系统
能源	高效太阳能 电池技术 能源收集	新能源 高效氢燃料电池 电力储存
智慧城市	边缘计算 数据搜集与处理 线上线下结合	智慧社区 智慧医疗 应急管理
物联网	微电子机械系统 无线通信 电源管理技术	海量数据分析 亚洲物联网联盟 医疗实时监测
食物与淡水科技	农业技术 水资源循环与回收 可替代食物来源	农业无人机 雾气取水 垂直农业
量子计算	量子纠错 量子编程 量子密码学	MIT量子叠加研究 IBM云端量子计算服务 量子通信卫星
社交网络	区块链技术 应用社会科学 网络身份与名誉管理	区块链商业应用 社交媒体与心理健康 无国界网络教育
先进数码设备	软件定义一切 自然用户界面 脑机接口	聊天机器人 脑波监测 软件定义网络
混合现实（元宇宙）	消费级硬件 沉浸式体验 交互技术	头戴式VR 混合现实电子游戏 现场流媒体直播

续表

科技趋势	代表性技术	实际应用
对抗气候变化	气候控制和干预 干旱基因作物	碳捕获和储存 海水淡化
先进材料	石墨烯技术 先进加工技术 合成技术	纳米材料 记忆金属 超导材料
新型武器	非致命伤害 电子打击	精准打击 电子对抗 电磁脉冲
太空科技	可回收火箭 核聚变发动机 生态循环	登陆外星球 外星资源开采利用 大型空间站
合成生物科技	建模与仿真 标准化DNA DNA合成与测序	编辑胚胎细胞 遗传编程 工业级合成生物学

2014 年欧盟发布“地平线 2020”计划，提出要在信息通信技术、纳米技术、材料、生物技术、制造技术、空间技术等方面，为研究、开发和示范提供专门支持，包括标准化和认证。2020 年 12 月，欧洲议会和欧盟理事会发布了“地平线计划”的更新版本，确定了欧洲在 2021—2027 年间科技研发与创新的基本政策与框架。作为地平线计划三大基础框架模块之一，“应对全球挑战和提高欧洲工业全球竞争力的研发创新”计划总投资 527 亿欧元，主要用于推动关键性技术的研发，为欧洲社会的可持续发展提供科技支持和技术解决方案，被支持的关键性领域包括：

- 数字化产业；
- 社会公共安全和公民安全；
- 医疗保健；
- 食品健康；
- 生态经济；

- 生态农业和环境保护；
- 新型工业；
- 航空航天；
- 具有创造力和文化包容性的社会。

自 1971 年以来，日本科技政策研究所（NISTEP）每五年开展一次“科技预测调查”，以预测科技与社会未来的关系，至今已经开展了 11 次。2019 年 11 月，NISTEP 发布了《第 11 次科学技术预测调查报告》。此次调查以 2040 年为预测目标，绘制了“科技发展下未来社会的图景”，预测了“科技发展的市场前景”，并提出了 50 个未来社会的构想。在此基础上，日本文部科学省发布的《2020 科学技术白皮书》将“社会 5.0”进一步描绘为从有形到无形、从个人到社会的可视化景象，并预计 2040 年前能够实现的 37 项新技术和服务（见表 4–2）。

表 4-2　预计 2040 年前能够实现的 37 项新技术和服务

预测技术	科技实现年份	社会实现年份	预测技术	科技实现年份	社会实现年份
手掌大小、超轻传感器，能够迅速检测判断病毒	2029	2031	实现桥梁支架等混凝土结构的组装等危险作业的无人化	2026	2027
记录和分享个人心理状态、感觉和味觉体验的传达媒介	2030	2033	可移植器官的3D打印	2031	2034
用语言表达自己意愿的便携式会话装置	2031	2034	完全融合于活体，可以自主代谢的假体	2029	2036
实现痴呆症等远程治疗和护理的超分布式医院系统	2026	2030	监视药物动态、癌症标记、感染和血液成分的穿戴设备	2028	2031
实时翻译、口译所有语言的系统	2027	2029	存档工匠技术的农业机器人	2024	2029
视觉障碍者和老年人自由行走的导航系统	2025	2028	从事劳动强度大、具有先进的培育和收割技术的农业机器人	2026	2029
自主城市的能源控制	2029	2033	大量生产同等成本的3D打印定制产品	2027	2030
卫星的实时灾害风险评估系统	2028	2030	无人机自动搬运到收货场所的系统	2026	2029

续表

预测技术	科技实现年份	社会实现年份	预测技术	科技实现年份	社会实现年份
任何人随时随地学习的数字环境	2028	2032	从小型电子设备、废弃物等中回收、利用稀有金属的技术	2028	2031
捕捉语境的AI系统	2026	2029	以人工食材为基础制作的3D打印食品	2028	2030
分析人的身心状态并立即给出建议的超小型设备	2029	2032	能源效率超过20%的人工光合作用	2036	2039
利用物联网普及精密农业	2026	2027	海上漂浮式风力发电技术	2028	2032
基于量子信息通信技术的高安全性自动驾驶系统	2031	2035	自动修复结构材料技术	2033	2035
防止非法侵入计算机系统的技术	2028	2029	大规模稳定使用的长期贮氢技术	2032	2034
不受地点限制的自动驾驶技术	2027	2034	利用太阳能和风力发电的富余电力制氢技术	2027	2031
自由远程操控机器人的身体共享技术	2030	2033	不需要更换的、寿命长且成本低的充电电池	2029	2032
增强虚拟现实运动	2028	2030	在城市地区运送人的无人机	2029	2033
血液分析应用于癌症和老年痴呆的早期诊断	2027	2029	预测暴雨、活火山、地震等自然灾害发生时间及损失技术	2026	2036
通过测量和建模学习工匠的技巧和经验的AI系统	2026	2029			

我国在2006年颁布的《国家中长期科学和技术发展规划纲要（2006—2020年）》是第一部国家层面对未来科技发展和未来产业布局的战略规划，提出了能源、水和矿产资源、环境、农业、制造业、交通运输业、信息产业及现代服务业、人口与健康、城镇化与城市发展、公共安全10个重点技术创新和产业化推广领域。该规划纲要实施以来，已经在高速铁路、5G网络等领域的技术赶超和产业化应用中发挥了引领性作用。2016年，中共中央和国务院发布《国家创新驱动发展战略纲要》，提出加强面向国家战略需求的基础前沿和高技术研究，大力支持自由探索的基础研究，加大对空间、海洋、网络、材

料、能源、信息、生命等领域重大基础研究和战略高技术攻关力度。在推动产业技术体系创新方面，提出了10个重点方向：

- 新一代信息网络技术；
- 智能绿色制造技术；
- 生态绿色高效安全的现代农业技术；
- 安全清洁高效的现代能源技术；
- 资源高效利用和生态环保技术；
- 海洋和空间先进适用技术；
- 智慧城市和数字社会技术；
- 先进有效、安全便捷的健康技术；
- 支撑商业模式创新的现代服务技术；
- 引领产业变革的颠覆性技术。

总结起来，各经济体政府、研究机构对未来产业技术来源的判断存在维度上、角度上和时间跨度上的差别，这与各经济体技术能力禀赋、产业发展现状和政策规划制定的习惯有关，但同时也存在一些共同特征，遵循一些共同规律。

一是从技术类别看，使能技术的发展是塑造和培育未来产业的关键所在。每一次工业革命都是一批主导技术的革命性变革引发的，虽然产业技术门类众多，但总结起来，传输技术、能源技术、材料技术、制造技术和医疗技术是具有主导意义的使能技术，这些技术在短时期内同时出现革命性变革就会引发新一轮的工业革命，同时也会催生一批新的未来产业（见表4–3）。

表 4-3 历次工业革命主导技术的变化

主导技术	第一次工业革命	第二次工业革命	新工业革命和产业变革
传输技术/信息技术	蒸汽汽车、火车和轮船、公路、运河、邮政网络	电话和电报、飞机、远洋轮船	互联网、无线通信、高速铁路、航空航天
能源技术/动力技术	蒸汽能、蒸汽机	电力、电机、内燃机	清洁能源、核动力、新能源应用
材料技术	熟铁冶炼	钢铁冶炼、合金冶炼	复合材料、纳米材料
制造技术	工业器械	工业机床、生产流水线	快速成型技术、工业机器人
医疗技术	解剖学、外科手术	化学药物	生命科学

二是从产生能够形成未来产业科学技术的条件看，专业人才和科技基础设施越来越重要。随着技术创新的专业化、复杂化程度提高，具有重大影响力的科技成果只能依托一流的科技基础设施和专业的科技人才，人才的多少、科技基础设施的数量和质量基本决定了一个国家、地区和企业面向未来产业的科技研发水平。因此，各经济体都非常重视科技基础设施的建设，例如欧盟“地平线计划”就提出要建设世界一流的基础研究设施，培育和吸引创新潜力的人才和资本；中国在 2020 年提出的“新基建”也包括新型创新基础设施。

三是从技术的实现方式和产业应用上，各种技术和产业规划更加具体。为了更好地将科技进步与产业转型升级相结合，提前布局在未来可能具有主导地位的产业和业态，各国政府在制定未来科技和未来产业战略、规划和具体措施时，都越来越强调两者的结合，技术与产业间的关系得到加强。更加具体和细化的战略规划、政策措施能够更好地帮助企业在科技革命中找准发展方向，推动技术的产业应用，而不是将创新过程停留在论文或者实验室阶段，但同时也会带来发展过于聚焦后一旦被选择的发展方向未能形成主流设计将产生毁灭性后果的风险。

二、技术发展视角对未来产业的阶段划分

未来产业最重要的特征就是由前沿技术和未来技术驱动，因此，在遵循产业发展一般规律的阶段性特征之外，未来产业的发展阶段还与技术的发展特点有关。综合产业演进的一般规律和技术周期，未来产业在时间上比新兴产业更早，这也构成了未来产业与主导产业、支柱产业、战略性新兴产业的区别和联系。未来产业处于萌芽状态或产业化初期，产业规模小，但是在未来的某个时期可能会随着技术的成熟、扩散进入高速增长期，从而成为对经济具有较强带动作用的主导产业，如果其产业规模能够进一步扩大，占国民经济的比重显著提高，就会成为对国民经济具有重要支撑作用的支柱产业。当然，未来产业是一个动态的概念，一个产业现在被认为是未来产业，但几年后随着产业化进程加快，就会转变为战略性新兴产业。另外，也会有一些曾经被认为具有产业化前景的前沿技术被市场证明没有经济价值，从而退出未来产业的行列。从图 4-1 可以看出，如果仅仅针对未来产业进行研究，那么其发展的整个周期限于第 I 阶段内。借鉴高德纳公司的“技术成熟度曲线（The Hype Cycle）”①，我们可以进一步细分未来产业的发展阶段。

---

① 参见专栏 4-1。

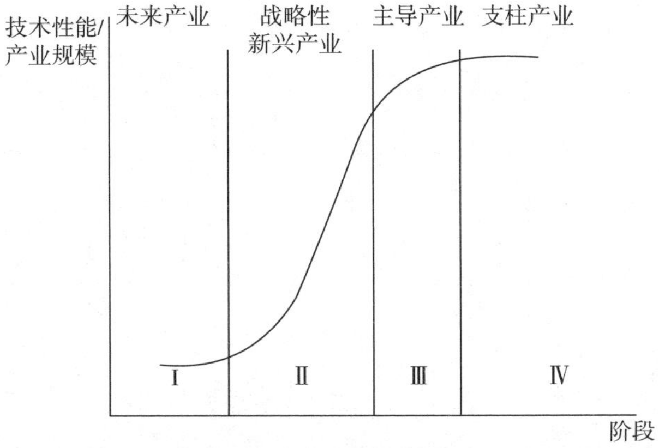

图 4-1 从技术和产业周期角度认识未来产业

资料来源：李晓华、王怡帆：《未来产业的演进机制与产业政策选择》，《改革》，2021 年第 2 期。

专栏4-1 技术成熟度曲线（The Hype Cycle）

作为全球著名的信息技术咨询顾问公司，美国高德纳公司（Gartner）从 1995 年开始不定期发布“技术成熟度曲线（The Hype Cycle）”。该曲线通过分析与推论，展示各种新兴技术的成熟度演变，并预测不同技术达到最终成熟的时间。根据高德纳公司的报告，任何新兴技术从出现到最终商业化和产业化，可以分为五个阶段（如图 4-2 所示）。

- 新技术诞生期（Technology Trigger）：随着媒体宣传，新技术被广泛认知，但技术存在重大缺陷和问题，大多数技术并不能发展到下一阶段，技术创新或技术转化失败的可能性远远大于成功的可能性。
- 投资期望峰值期（Peak of Inflated Expectations）：新技术在一些领域以及一些企业获得的成功引发投资浪潮，资本市场对新技术可能创造的新兴产业有极高期望，但大多数投资以失败告终。
- 泡沫低谷期（Trough of Disillusionment）：在产生大量投资泡沫的同时，新技术和技术应用的商业模式逐渐成熟，技术路线开始收敛，应用场景和价值创造模式开始明确。

- 稳步爬升期（Slope of Enlightenment）：新技术孕育新产业，产业链和供应链开始形成，产值以较快速度提高，企业开始获得稳定收益。
- 生产高峰期（Plateau of Productivity）：新技术创造的新兴产业规模庞大，主导和支柱意义显著，但同时，新技术和新产业发展面临新的挑战，要么通过技术升级引来新一轮“稳步爬升”，要么被新的技术和产业所淘汰。

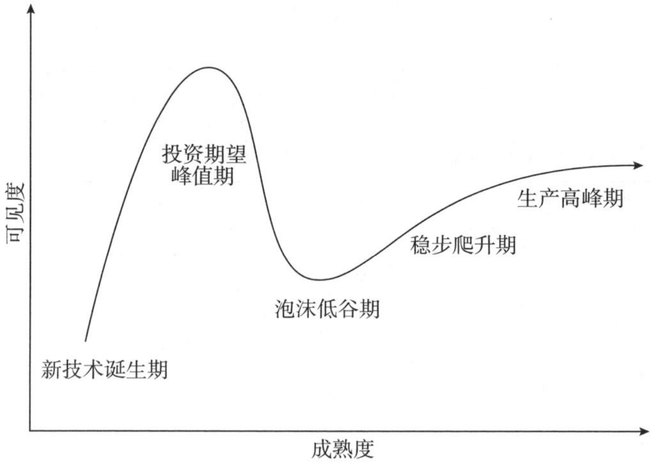

图 4-2　技术成熟度曲线

根据已有研究对“未来产业”的界定，技术成熟度曲线中的第二、第三个阶段可以对应“未来产业”，从技术成熟度曲线的第四个阶段开始，未来产业就开始演变为新兴产业。但是由于未来产业是由基础研究的突破所推动的，因此从科技创新的角度，也将基础研究阶段纳入对未来产业的研究。如表 4–4 所示，在整个未来产业发展周期内，技术逐渐成熟的同时，形成新的技术范式，且不同技术路线不断出现和接受市场选择，大多数情况下，主导设计（或者主导技术）的出现意味着未来产业已经具备向新兴产业转型的技术基础。

表 4-4 技术发展视角对未来产业的阶段划分

阶段	技术	投资	产业形态	市场
基础研究阶段	技术进步与技术选择	少量的投资，一般来自创业基金	初创公司和大企业的一个部门在具有孵化功能的园区成长	市场需求非常有限
工程化（小试中试）阶段		各种来源的投资大量涌入	大量初创公司和中小公司，大企业开始参与	市场预期增大，但实际需求仍然有限
商业化（初期产业化）阶段		新增投资继续涌入的同时，部分资本开始撤出	产业链开始成型，配套体系形成，产业生态逐渐清晰	潜在需求不断被挖掘，但分散到不同技术路线上

在“基础研究阶段”，由于市场需求非常有限，市场前景也不明朗，只有少量创业资金和风险基金投入，在尚不清晰的技术需求下，寻找可能的技术解决方案。基础研究阶段最活跃的市场主体是小微型的初创公司，或者大企业的小微型组织（这些组织大多与大企业的主营业务在管理和人事上相互隔离），具有孵化功能的产业园区或者创业社区是这一阶段孕育未来产业的企业聚集地。同时，市场需求非常有限，或并不存在明确的市场需求。

进入“工程化阶段”后，在舆论宣传的催化下，未来产业被高度关注，大量资本涌入，很多创业公司得到几轮融资甚至在科创板成功上市，大量的资金保障了技术研发和市场开拓的投入，但对企业家致力于技术创新和企业成长的决心和毅力，以及企业资金管理能力、风险应对能力和应对快速扩张向大企业演变的各种挑战的能力都是极大的考验。热度的提高还吸引更多的初创公司和中小企业进入，大企业也开始以投资者、技术提供方、采购方等身份加入其中，企业数量快速增长。市场方面，预期增大，但由于技术路线尚不明确，技术和产品还非常不成熟，提供的产品和服务难以达到预期效果，实际的市场需求还很有限，绝大多数企业仍然处于继续“砸钱”和亏损状态，这也是导致下一阶段泡沫的产生和破灭的重要原因之一。

在“商业化阶段”，未来产业的发展热度还在持续，这使得不断有新的资本注入其中，但同时由于长时间不能真正盈利，一些短期资本不得不撤出。在相关企业比较聚集的园区，未来产业的产业链开始成型、配套体系开始形成，大企业、中小企业和初创公司之间的生态关系逐渐清晰。市场方面，潜在需求不断被挖掘并转化为现实需求，但由于多个技术路线的存在，各个企业的盈利能力都较为有限，依靠市场反哺技术研发还很困难。这一阶段对投资者、创业者而言都存在巨大的风险，但对未来产业的孕育发展以及向新兴产业的转变而言这是很难避免的过程。在这一时期，资本、技术、市场、人才等未来产业发展的相关要素资源将得到洗牌和优化配置，核心“链主”企业主导下的产业生态的形成将推动未来产业向真正具有市场盈利能力的新兴产业转变。

三、未来产业不同阶段的技术特征

前文已经提到，未来产业发展的不同阶段其实也是未来技术的进步和不同技术路线被选择的过程。受投资强度、产业形态、市场需求的大小和明确程度以及技术发展自身的客观规律影响，在不同发展阶段，未来产业的技术发展也表现出不同特征。

在“基础研究阶段”，用以孕育形成未来产业的“未来技术”已经经历了很长时间的技术研发，有的技术在实验室和小规模应用中有很成熟的表现，但是以何种方式满足市场上的潜在需求还不明确。也就是说，全新的技术范式基本成型，但在此技术范式下的技术轨道或者更优的技术轨道还在探索[①]，如何用技术满足现实需求，新的产业以何种形式培育和成长是这一阶段技术发展需要解决的问题。

技术与需求的对接是形成未来产业的关键，不能对接需求的技术也无法开始产业化的发展。从单纯的技术创新到成功的产业化是一个艰难的过程，很多技术创新成果都不能最终转化为产品或服务，一部分是因为技术自身不成熟的原因，更多的则是难以实现与市场需求、产业资源的对接。针对这一问题，有大量研究在寻求技术产业化艰难一步的破解之法，影响力较大的是美国学者亨利·埃茨科威兹提出的技术创新三螺旋模型，提出了由大学、产业、政府共同参与的国家创新模式才是技术产业化的基础制度保障。从技术与未来产业的发展关系看，新技术与市场需求的对接尤为重要。在基础研究阶段，这种“对接”可能是不成熟的，甚至是概念上的，但必须存在满足潜在市场需求的可能性，新技术才能吸引资金、配套等产业发展资源。新科技革命和产业变革中，大量技术从实验室走向产业化，触发未来产业的萌芽，在这个过程中，能够涵盖多个高速发展技术来源，且满足即将爆发市场需求的产品 / 服务平台最容易促进技术的成熟，并加速未来产业的触发。例如，元宇宙（Metaverse）是利用数字信息手段进行链接与创造的，与现实世界映射和交互的虚拟世界，本质上是对现实世界的虚拟化、数字化过程，需要对内容生产、经济系统、用户体验以及实体世界内容等进行大量改造。元宇宙的背后是 VR/AR/MR 等虚拟现实技术、数字孪生技术、区块链

---

① Dosi 在 1982 年的研究中定义了技术范式（technological paradigms）和技术轨道（technological trajectries）。技术范式是指在选择出来的科学原则和材料技术基础上，解决选定问题的模型或模式，相当于“世界观”。技术范式具有很强的排他性，工程师和组织把努力和想象力集中在相当确定的方向上，而无视技术发展的其他可能性。技术轨道是指在技术范式所规定的范围内解决问题的正常活动模式，代表技术范式所规定边界内的一组可能的技术方案。之后的研究大多认可在“科学—技术—生产”链条上，经济力量与制度和社会因素共同发挥作用，影响技术范式和技术轨道的形成。

技术，而元宇宙概念的出现其实是为大量新技术找到了一个产业应用的平台和技术进步的方向，能够推动一系列未来产业的出现。

在“工程化阶段”，资本、技术、人才大量投入未来产业发展，企业数量迅速增加，同时出现更多的技术轨道和技术解决方案，各种轨道和方案之间产生激烈竞争，在数字经济发展背景下，用户数量和流量成为决定哪个技术轨道能够形成并维持竞争力的重要因素。工程化阶段是未来产业不同技术路线间竞争最激烈的阶段，但由于对未来产业的发展抱有极高预期和热情，在资本市场的帮助下，大多数技术路线都还能继续保留在市场中，但各个技术路线间的优势和劣势逐渐明晰，主导设计即将出现。

从技术发展的角度看，工程化阶段最典型的特点就是多条技术路线的并行和相互竞争。汽车是工业革命以来最成熟的制造产品，汽车产业也是最典型的制造业部门，不仅产值巨大，也拥有最能代表工业化特征的生产组织方式、供应链体系、销售渠道、国际贸易。在替代汽油、柴油为动力来源的传统汽车上，先后出现了纯电动汽车、混合动力汽车、燃料电池汽车、氢能汽车、增程式电动汽车、甲醇汽车、气动汽车、飞轮储能汽车、超级电容汽车等技术路线，其中，纯电动汽车、混合动力汽车、氢能汽车的发展较好。根据国际能源机构（IEA）发布的报告，2021 年全球的电动汽车（EV）和混合动力汽车（PHV）的总销量近 660 万辆，比 2020 年翻了一番多，其中，中国的产销量均约为全球总量的一半。虽然全球新能源汽车已经达到相当大的规模，超过了很多产业部门，但如果和整个汽车产业比较，新能源汽车的比重还是很低的。国际汽车制造商组织发布的全球汽车产量统计数据显示，2021 年全球汽车产量完成 8014.60 万辆，电动汽车和混合动力汽车只占到 8% 左右，全部新能源汽车合计占比也不足 10%。汽车产业要实现技术和产品的彻底迭代还需要相当长一段时间，新能源汽车目前仍然处于发展初期，具体看是多条技术路线并行并相互竞争的“小试中试阶段”。目前，新能源汽车各个技术路线中，纯电动汽车的市场规模最大，这不仅是因为该技术路线自身发展较快，也和中国等国家大力扶持纯电动汽车发展、建设完善相应的基础设施有关。相比较而言，氢能技术路线的发展更为坎坷，特别是在2009年前后，福特、通用、雷诺—日产联盟多家汽车厂商宣布停止或降低在氢能汽车研发上的投入。同样也是在2009年，日产在日本发起新FCV计划，吸引了日产、福特、通用、现代起亚、丰田、戴姆勒、雷诺的加入。对于一个大国而言，不能在未来产业技术路线尚不明确、主导设计尚未出现的发展阶段，将自己的发展轨道完全局限或锁定在一个技术路线上，相关扶持政策要尽可能覆盖所有可能的技术路线，特别是对技术成熟度更低、市场势力弱小的技术要给予特别关注，以便在技术路线的产业化、市场化出现偏转时能够有充分的准备。2022年，我国发布《氢能产业发展中长期规划（2021—2035年）》，明确了氢能作为新能源汽车的一个重要发展方向，国家将配套支持相应的科研计划、建设基础设施、扶持产业化发展。虽然在市场份额上，氢能汽车短期难以形成和电动汽车一样的规模，但这也反映了我国政府对不同新能源汽车技术路线的重视。

在“商业化阶段”，大多数不能继续获得资本注入且在市场上表现不佳的技术路线被淘汰出市场，主导设计的出现使得消费者和用户逐渐收敛到特定企业提供的产品和服务上，当然，受各个国家和地区政策的影响，可能会出现多个主导设计，但数量也是有限的。初期产业化是未来产业发展的最后一个阶段，同时也是技术从实验室、小规模应用真正走向成熟产业化应用的阶段。

技术的优劣性是决定谁能成为主导技术的重要因素。对大量历史技术路线选择、技术标准选择的研究表明，大多数学者虽然不能认可最终被政府或市场选择的技术路线、最终获胜的技术标准在技术和经济上是最优的，但基本上都承认更好的技术及其技术路线更容易成为主导设计。有一些研究认为主导设计的出现很多时候并不是不同技术路线竞争的结果，不能反映不同技术孰优孰劣，而是消费者选择、市场势力甚至偶然事件综合作用的结果。实际上，技术和市场是双向互动的，从以往的“未来产业”发展过程中，我们可以在未来产业最后的发展阶段看到一些所谓的技术上更占优势的路线被淘汰，这些“淘汰”的过程表面上看是有不同企业市场势力的反映，例如占有垄断地位的企业或者企业联合体支持其中一条技术路线，甚至是因为某些技术太超前反而被淘汰。但如果认真研究，会发现技术本身仍然在谁被淘汰、谁会留下的选择中发挥不可替代的作用。例如，在电视机技术迭代中，对传统 CRT 技术路线最初存在等离子和液晶两条替代路线，等离子在亮度、对比度、延迟性、护眼等方面较液晶显示有明显的优势，但同时存在功耗大、易烧屏的问题。当时，松下几乎垄断等离子的技术和专利并在公开专利上非常保守，这被看作等离子被液晶淘汰的重要原因。诚然，液晶技术路线的阵营要庞大得多，并且更开放的体系使得液晶的技术进步明显快于等离子，但真正对等离子造成毁灭性打击的是个人数码产品的兴起和快速发展。由于技术上的弊端，等离子无法在手机、平板电脑上使用，在这种情况下，没有哪个厂商愿意为不同产品同时构建两个完全不同又能相互替代的技术研发体系和生产体系，等离子最终难逃被淘汰的结局。从技术的角度看，技术路线不符合新的市场需求是重要的原因。无独有偶，在键盘布局最早的技术竞争中，QWERTY 键盘最后能够胜出的关键是，在机械打字机上，QWERTY 的布局将最常见的连续字母放在了尽可能远的位置，从而更好地避免了卡针现象，相比较而言，更能够平衡双手工作量、减少疲劳从而实现更快速打字的 Dvorak 键盘最终被淘汰。在电子键盘出现后，QWERTY 键盘本身防卡针的优势完全消失，但高昂的转换成本并没有使得 Dvorak 键盘复活，一些研究以此为例，得出很难获得最优主导设计的结论（类似的研究还包括核电站反应堆、冰箱压缩机、杀虫剂等）。然而，这个结论至少忽略了两个问题：一是 QWERTY 仍然是一个有效率的键盘布局，且兼顾了对机械键盘天生缺陷的考虑；二是技术路线之间有高昂的转换成本。我们目前继续使用在效率上更欠缺的 QWERTY 键盘可以说是技术优劣和经济效益共同选择的结果。

第五章

驱动因素与未来产业的选择

高科技产业具有市场潜力大、增长速度快、附加价值高等特点，是一个国家经济增长的重要推动力，也是国民福利的重要来源。一个国家的综合竞争力主要取决于它的科技水平、高科技产业的规模及其在全球产业链分工中的地位。因此，培育壮大高科技产业、提高产业的科技水平和全球价值链分工地位成为世界各国经济发展战略和政策的方向。在生产要素、产品和服务可以自由流动的经济高度全球化的环境下，世界各国发挥各自的禀赋优势，参与全球产业链、价值链不同环节的分工，发达国家通过其高科技产业的优势，占有全球分工中的大部分收益；发展中国家也能通过参与全球分工实现经济增长，还有机会通过技术的扩散缩小与发达国家的差距。但是近年来，单边主义、保护主义、霸权主义、强权政治对世界和平与发展的威胁上升，全球化出现逆潮，大国博弈加剧，发达国家采取各种手段对快速崛起的新兴经济体进行打压遏制，以维持其在高科技产业的领先地位。新冠疫情进一步加速全球产业链价值链的重构，为了增强供应链韧性、保障产业链安全，推动产业链各环节特别是高技术环节归岸和近岸成为许多国家生产力布局调整的方向。在此情况下，一国高科技产业的发展水平不仅关系到本国在全球经济中的分工地位，还直接影响供应链安全和生产活动的正常开展，硬科技和高科技产业的重要性进一步凸显。

当前，新一轮科技革命和产业变革突飞猛进，不断涌现出新的颠覆性技术，并随着颠覆性技术的成熟形成新产品（新服务）、新模式、新业态，进而出现新产业。这些新产业具有巨大的增长潜力，有可能成为未来国民经济的主体。新技术的扩散、渗透和融合还会对既有产业产生深刻的影响，成为决定其产业竞争力的重要因素。新技术对传统产业的影响甚至是颠覆式的，如果不能及时应对，曾经处于优势地位的传统企业会消亡，一个国家曾经具有全球优势的产业也可能会衰败。例如，新能源汽车企业特斯拉的市值一度超过丰田、大众、梅赛德斯－奔驰、宝马、通用、福特等 11 家传统汽车企业的总和，显示出新能源汽车对传统燃油汽车的颠覆性影响。因此，世界主要国家纷纷加强对前沿技术和未来产业的布局，以期在保持当前高科技产业优势的同时，在今后一个时期将会兴起的高技术产业领域抢占先机、保持全球领先地位，并通过对未来产业的战略布局，进一步强化未来在全球产业链中的掌控地位。美国国会和政府部门连续出台了一系列法律、战略和政策，推动未来产业的布局和发展。2019 年美国白宫科技政策办公室发布《美国将主导未来产业》报告；2021 年美国政府公布的《美国就业计划》提出投资 1800 亿美元用于研发未来技术、发展未来产业（周波等，2021）；2021 年美国参议院通过的《美国创新与竞争法案》计划在 2022—2026 财年安排用于基础和先进技术研究的资金达到 1658.32 亿美元，主要用于推进人工智能、半导体、量子计算、生物技术、新一代通信、新能源等领域的前沿科技创新和未来产业的发展。日本、德国、英国、法国、韩国等发达国家也纷纷前瞻布局前沿技术和未来产业。对于发展中国家来说，由于未来产业是由全新的技术所驱动，与发达国家处于相似的起跑线上，而且不存在发达国家领先科技公司所存在的“战略刚性”，因此未来产业是发展中国家实现“换道超车”、在今后一个时期在高科技产业抢占一席之地的重要机会。抓住新科技革命和产业变革带来的未来产业赶超机会，发展中国家不但能够进一步缩小与发达国家的差距，而且能够凭借在未来产业领域的优势形成与发达国家的相互制衡，从而加强产业链供应链安全；反之，如果不能及早战略布局未来产业、错失在未来产业构建优势的机会，就要花费漫长的时间缩小与发达国家在未来产业的差距。鉴于未来产业对国民经济和国家发展的重要作用，我国高度重视未来产业的发展，2020 年以来，多次提出抓紧布局和培育发展“未来产业”。“十四五”规划纲要专门用一节阐述“前瞻谋划未来产业”，许多地方政府也在积极规划布局未来产业。

前瞻布局未来产业不仅是口头上的引导，更需要政府和企业真金白银的投入。而前瞻布局未来产业的前提是需要确定哪些产业属于未来产业的范围。然而，未来产业在技术路线、应用场景、大规模产业化的时间等方面都具有高度的不确定性，这就造成准确选择未来产业的巨大难度。如果错误选择未来产业，不仅会使国家和企业的巨额投入打了水漂，而且会由于对应该支持的产业投入不足而在未来产业的全球竞争中掉队。发展中国家在产业追赶的过程中往往会选择特定产业加以重点支持。在与发达国家存在差距的产业中，有发达国家已经被验证成功的技术路线和产业方向可供借鉴，这是后发国家所谓的“后发优势”所在。由于产业的确定性高，产业选择错误的概率大为降低，因此选择性产业政策在后发国家的产业追赶中发挥了积极的作用。但是对于前沿技术和未来产业，无论是后发国家还是发达国家，都面对着同样的高不确定性，后发国家曾经行之有效的老办法无法解决新问题，需要探索未来产业预判和选择方法并对产业政策进行有针对性的调整。

目前国内外已有一些对科技发展方向进行预见、对技术成熟度进行评价的方法，但是这些方法在未来产业选择中使用存在两方面的问题：一是已有方法的预见、评价对象是非常具体的技术，但是前沿技术具有高度的不确定性，政府相对于企业更缺少信息优势，不宜对特定技术路线的演进方向进行直接干预，针对具体技术的预测方法不适用于未来产业；二是未来产业的发展不仅由技术驱动，技术转化形成的新产品必须得到市场的认可，而且需要具有规模可观的用户和市场，但现有方法缺少对需求侧影响的考量。本章基于技术创新的经典技术推动与需求拉动理论，提出未来产业的选择需要从技术成熟度、市场潜在需求与要素条件等方面加以综合研判；支持未来产业发展的产业政策与赶超阶段针对缩小技术差距的产业政策存在很大不同，在供给侧与需求侧需要有不同的方式和着力点。

一、技术推动、需求拉动与未来产业发展

技术推动和需求拉动是驱动创新过程的两种力量。这里的“创新”是指从发明到商业化的过程。早期的创新理论把技术推动、市场拉动对立起来，只关注其中的一个方面。20 世纪 40 年代，技术推动的线性模型被提出，用以解释创新现象；20 世纪五六十年代，人们开始重视需求对于创新的作用（Godin 等，2013）。但对于需求拉动模型有很多批评的声音，由此在 20 世纪六七十年代出现了一场关于技术推动抑或需求拉动的辩论。后来人们认识到，技术推动 / 需求拉动二分法存在很大的局限性，二者对于创新都是必不可少的，由此同时包含科学、技术、需求等因素的耦合模型、集成模型以及系统与网络模型被提出（Rothwell 和 Roy，1992）。作为由前沿技术成熟所形成的未来产业，技术与需求在产业的发展中发挥着同样重要的作用。

（一）技术推动对未来产业发展的作用

虽然技术推动模型只关注创新的供给侧，但是仍然有助于我们认识未来产业的发展机制。技术推动模型认为，创新从基础科学研究开始，经过应用研究和工程化，进入到产品的商业化制造阶段，最终把产品推向市场（Godin 等，2013）。在已经存在的传统产业中，技术已经比较成熟并进入大规模产业化阶段，该产业中的技术创新以增量型、渐进式为主。一方面，企业为了提高产品竞争力，持续开展提升技术、改进产品、降低成本等方面的创新活动；另一方面，广大的用户由于更熟悉应用场景、应用产品的时间更长，也能从用户的角度提出改进产品的创新建议。但是未来产业是一个从 0 到 1、从无到有的过程，它所涉及的是根本性、颠覆式创新，采取完全不同于现有产品的技术路线，开发并向市场提供前所未有的产品。用户特别是消费者通常缺乏对于所使用产品和服务的专业知识，即使其中有一些专业人士在面对架构日益复杂的产品时，自己某一方面的专长也很难对产品具有全面的理解。因此，用户或许有能力对在使用产品过程中形成对现有产品的改进建议，展现出自己对于产品需求的变化，但是对于尚未出现的新技术新产品，他们就缺乏足够的能力和想象力来说出他们所需要的产品特征、性能，更别说产品的具体架构。例如，在苹果推出 iPhone 之前，不仅是普通的手机用户，甚至包括诺基亚等行业巨头都认为具有通话、短信和简单上网功能的功能机就是手机该有的样子，直到乔布斯在旧金山莫斯康展览中心舞台上亮出第一代 iPhone 时，人们才恍然大悟，这才是手机该有的样子。乔布斯曾表示：消费者并不知道自己需要什么，直到我们拿出自己的产品。因此，许多学者认为，技术推动因素是新兴领域技术变革和产业演进的来源，技术发展对于新兴行业的发展比市场需求更为重要（Choi

和 Hyundo，2018）。范内瓦·布什在 1945 年提交给杜鲁门总统的《科学：无尽的前沿》报告中指出："一切新产品和新工艺都不是突如其来、自我发育和自我生长起来的。"（布什和霍尔特，2021）该报告成为美国政府对科技创新进行支持的理论基础，2021 年《美国创新与竞争法案》的重要来源之一就是向该报告致敬的《无尽前沿法案》。美国国家科学基金会实施的"技术回顾与科学中的重大事件"项目（TRACES）识别了磁性铁氧体、录像机、口服避孕药、电子显微镜和基质分离等领域中的 341 个研究事件中基础研究的角色，发现如果分析的时间周期足够长，基础研究就会占据主导地位（Nemet，2009）。有研究发现，增量型创新对需求拉动的响应比技术推动更强，而非增量型创新对技术推动的响应更大（Nemet，2009），作为颠覆性创新形成的未来产业，技术推动是产业发展的"第一推动力"。

（二）需求拉动对未来产业发展的作用

需求拉动（市场拉动）模型认为，从科学发现、新科学的应用、开发、原型制造到销售的顺序不是创新发生的通常方式。大多数新产品、新流程都是由熟悉科学和技术知识的人在对需求识别的基础上而发生的（Godin 等，2013）。经济活动中创新的通常顺序是感知需求、产品的开发、加工制造以及将产品销售给用户。从企业的角度看，创新的根本目的是开发出能够满足市场需求的产品并出售给用户，从而获得收入和利润。只有企业能够在市场上把新技术形成的产品和服务销售出去，获得收入和利润，才有能力持续地投入新技术的创新，推动技术不断完善、产品架构不断完善、生产工艺不断优化、产品性能不断提升、成本不断下降，从而使新技术形成的产品在市场上更具有竞争力，进而维持企业经营的持续进行、不断地扩大经营的规模。由于生产企业与用户之间关于需求的信息不对称、市场上激烈的竞争、商品供需在空间和时间上的错配等因素，企业开发、制造的产品在市场上销售出去并不是一件容易的事，马克思就指出这一过程“是商品的惊险的跳跃。这个跳跃如果不成功，摔坏的不是商品，但一定是商品所有者”（马克思，1975）。因此，企业会通过市场调查、用户反馈等手段了解用户的既有需求和潜在需求，通过行业分析、竞品分析等手段掌握竞争对手产品的特点、市场策略和发展动态，并据此进行新产品开发、老产品的改进，使自己的产品更符合用户需求、更具有市场竞争力。创新被感知到的商业潜力为有目标的研发活动提供了激励（Hötte，2021）。美国国家科学院曾表示，“对重要需求的认知更大概率是刺激研究—工程活动的主要因素”；有研究表明，市场需求和生产需要贡献了各领域重要创新来源的 60%~80%（雷家骕等，2012）。实际上，要素相对价格的变化、需求的地理变化、潜在需求的识别、潜在的新市场等因素都会影响对创新成功投资的回报大小（Nemet，2009）。基于需求拉动理论，由于大多数成功的创新起源于对特定需要的响应，因此当创新者在寻求新的商业开发思路时，应更多地盯住市场而不是技术（技术也不能被忽略）（Rothwell 和 Robertson，1973）。

未来产业是由前沿技术的出现、成熟和商业转化而出现的新产品、新服务所形成的产业，技术推动固然是其发展的原初动力，但市场需求同样在未来产业发展中发挥着必不可少的作用。第一，市场需求是技术产业化的支撑条件。前沿技术产业化形成的产品要获得市场认可，要么能够提供新的功能以满足市场上存在但未能满足的需求，要么能以更优的性能或更低的成本形成对具有相同功能产品的替代。但是颠覆性的新产品在产业化初期技术不够成熟、配套体系不完善、产品的生产成本很高，相对于提供相同功能的产品缺乏价格优势，愿意从既有产品转换过来的用户很少；而新的功能同样由于价格高，因而能够接受高价的用户数量很少，并且由于新产品的稳定性、可靠性偏低，造成用户不愿采用，特别是对于产业用户来说，产品性能上的缺陷由于生产出质量不合格的产品、造成生产事故等原因而给企业带来巨大损失，造成用户不愿用、不敢用。如果用户规模很小，即使产品定价很高，也难以涵盖企业的运营成本，使企业的生产经营活动无法维持，因此也造成后续大规模生产过程中的工艺、技术失去持续改进的机会。因此，早期市场的出现以及市场需求规模的扩大对于未来产业跨越创新的“死亡之谷”和“达尔文海”至关重要。第二，领先用户能够帮助企业确定新技术的市场需求。在发生颠覆性技术变革的产业，快速的技术进步使得普通用户的实际使用经验失效，对历史销售数据的分析与对现有用户的调研等成熟产业中有效的方法很难用来准确地确定用户的新产品需求，但是领先用户能够在市场产生大量需求之前几个月甚至几年前就觉察到这种需求（希普尔，2005），而且他们也更愿意使用新产品。第三，市场需求验证技术创新的商业可行性。未来产业的新技术、新产品未曾出现在市场上，只有经过市场需求的验证才能证明该项新技术商业的可行性。例如，摩托罗拉在 20 世纪 90 年代组建的铱星系统虽然技术功能强大，但是由于没有足够大的市场需求支撑其高额的投资而导致铱星公司破产；虽然 5G 比 4G 技术性能更优，但是因迟迟未能找到足够大的应用场景而限制了 5G 网络建设以及相应服务的发展。前沿技术产业化的时间、未来产业发展的速度，取决于是否找到切实的应用场景，以及该场景下的市场需求有多大、增长有多快。

（三）未来产业发展中技术推力与需求拉力的互动

技术推力与需求拉力对前沿技术的产业化都具有重要的作用，缺一不可。杰出的发明家托马斯·爱迪生说："首先确定一件东西是人们想要的或需要的，然后再开始做。"索尼公司首席执行官盛田昭夫说："市场必须被创造，而不是被调查。"（Chidamber，1994）两位代表性企业家对创新驱动力的不同表述，反映出技术推动与市场拉动对企业发展都具有重要的作用。事实上，到20世纪后期，人们普遍认可了技术推动与需求拉动都是创新的重要动力。同时，技术推力与需求拉力又是相互制约、相互促进的关系。科学和技术的进步是大多数创新的源泉，没有科学和技术的进步就不会出现全新的产品，原有的产品也失去改进的技术基础。市场需求为技术创新指明了方向，符合市场需求的技术创新才能够实现大规模产业化（Stefano，2012）。成功的创新开发过程通常需要经历广泛的改进，既要响应最终用户的需求，也要响应有兴趣以尽可能低的成本生产产品的生产者的需求，对两方面力量都不敏感的创新不太可能取得商业成功（David 等，1979）。产业化产生的源源不断的利润反过来能够支持企业进行持续的创新，改良现有产品或开发新产品。从发明到商业化的创新的实现需要将基础研究与开发结合，开发与生产结合，技术的、经济的和人的因素结合，技术机会与市场需求识别结合，实验室与工厂结合；科学与技术、技术与生产之间需要形成相互作用（Godin 等，2013）。

在前沿技术和新兴产业的发展中，技术推动与需求拉动二者的相互作用与协同共进体现得更为明显，技术的进步产生市场需求，市场需求又支撑技术的进步，由此形成技术与市场共轭演进、共同推动未来产业的发展。一方面，经过对基础科学的持续投入，会有一些前沿技术实现突破，这会吸引一些科学家和工程师思考新技术的应用领域，由此产品原型被开发出来，这是未来产业发展的起点。新技术一旦进入商业化过程，必然会将需求纳入考量。产品原型会基于科学家和工程师设想的应用场景，通过进一步的架构设计、外观设计以及生产流程的创新不断改进产品的性能，以更好地适应市场的需要。另一方面，当产品原型趋于成熟后，会投放到市场上进行测试，由此产生大量的用户反馈，产品的研发人员会根据用户的意见进一步对产品进行改进和完善。这一过程会持续下去，直到产品进入规模化生产、大规模投放市场的阶段，一个新兴的产业真正出现。在前沿技术的商业化产业化和未来产业的发展过程中，“技术—产品—市场”的动态匹配和“市场—产品—技术”的动态匹配紧密交织在一起。

技术推动的作用体现在整个技术—产品生命周期中，尤其在技术创新的早期更为突出，即开发出产品的原型阶段，描绘出技术产业的大致愿景。相比之下，需求拉动的作用更多地体现在商业化、产业化阶段。也许市场需求不会对技术路线的演化、应用场景产生根本性的影响，但是会影响技术路线的演进速度、应用市场的扩张速度，以及各个国家产业发展速度的差异。例如，国家对风电、光伏进行上网电价补贴，并不会影响光伏的主要技术路线，但是在巨大的市场拉力下，促进了光伏企业间的竞争（国家间的竞争）、市场竞争的压力、潜在的利润，推动企业加大对技术创新的投入，探索更多的技术方向，推动技术更快演进。

二、技术、需求的双向互动与未来产业选择

技术创新是未来产业发展的原初动力，市场需求会影响前沿技术商业化和大规模产业化的方向和进度，因此需要从技术与需求的双向互动中进行未来产业的选择。例如，中国工程院与国家自然科学基金委员

会共同组织完成的《中国工程科技 2035 发展战略：技术预见报告》就注重技术方向的可实现性和可用性，强调了技术预见与需求分析的结合（王崑声等，2017）。同时，对于一个国家、地区和城市来说，未来产业的选择还需要考虑当地的要素供给条件。

（一）技术成熟度与未来产业选择

技术所处发展阶段。除了科学研究、公共管理等少数领域外，产业是能够向其用户提供相同相似产品或服务的经济活动的总和。因此，未来产业之所以被称作“产业”，是因为它已经开始进入技术商业化并具备带来收入可能性的阶段。基于这一判断，未来产业虽然是由前沿技术推动的，但是存在于大学和科研机构的实验室中、以揭示自然规律为目的、以发表论文和专利为产出表现的研究活动不能称为未来产业。只有当这些科学研究、工程技术研究的成果转化为具有实际功能的产品或服务后，技术才从科学跨入到产业领域。可以说，开发出产品原型是某一个未来产业诞生起点的标志。

技术成熟度的定量衡量。一项新科技可以挖掘的理论创新多，就会有大量的科学家跟进，随之作为科学研究成果的科技论文的数量增加；一项新科技如果具有潜在的商业化应用价值，也会吸引投资的进入，由此带来专利数量的增长。无论是根据技术创新的 S 曲线还是产业生命周期曲线，在前沿技术从实验室进入商业化开发阶段后，技术进步速度都会从一开始的比较平缓的状态进入到开始加速增长的轨道上（李晓华和王怡帆，2021）。这就意味着，以创新产出成果来衡量，未来产业应处于专利数量特别是发明专利数量快速增长的阶段。据此，通过对专利库中某一领域专利申请和专利授权数量的检索，就可以发现正处于快速演进中的新兴技术。以汽车动力锂电池技术为例，2003 年及之前，我国锂离子动力电池专利申请量都在 500 件以下，2007 年突破 1000 件后进入大幅增长的轨道（兰凤崇等，2015）。今天，我国已经形成从正极、负极、隔膜、电解液到电池的完整锂离子动力电池产业链，涌现出以宁德时代、比亚迪为代表的一批世界领先的动力电池企业，并有力地支撑了我国新能源汽车产业的发展。相对于大学、科研机构的工作重心在科学发现、以科技论文为主要产出，企业更加追求经济利益。前沿技术的商业应用能够为企业开辟新的收入来源，如果能够建立技术壁垒，企业就能够获得额外的收益，反之则很可能错失新的市场机会或者在竞争中落败，因此企业的技术创新具有更强的应用导向，企业的专利申请和专利授权量更能反映产业界对前沿技术和新兴产业的关注程度。因此在研判技术和产业发展趋势时，应重点考察企业的专利申请和授权量。此外，由于我国整体科技创新能力和产业技术水平与发达国家仍存在一定差距，发达国家的技术创新和专利申请具有一定的领先性，因此需要重点考察世界知识产权组织、欧洲专利局以及美国、英国、法国、德国、日本、瑞士等主要工业化国家的专利申请和授权情况。

技术成熟度的定性衡量。联合国等国际机构、许多国家的政府机构、大学、科研机构、企业、智库机构、咨询机构等发布了大量关于颠覆性技术的技术预测。例如，欧盟、美国、日本、德国、英国、法国、韩国等发达经济体和我国发布的科技、产业发展战略、规划和法案中，点明了许多需要重点支持的颠覆性技术和新兴产业。比较有代表性的机构发布的颠覆性技术预测有：高德纳咨询公司每年发布的“技术成熟度曲线”，并把技术所处阶段划分为技术萌芽期、期望膨胀期、泡沫破裂低谷期、稳步爬升恢复期、生产成熟期；《MIT 科技评论》杂志从 2001 年开始每年发布“十大突破性技术”并对技术大规模商业化的潜力进行预测。除了知识图谱和聚类分析方法外，这些经济体及机构对典型性颠覆性技术识别、评估和预测的方法以问卷、专家访谈、专家咨询与评估等偏定性的技术工具为主。在我国，中国工程院2015年启动的“中国工程科技2035发展战略研究”对颠覆性技术的预测、中国工程院2016年启动的“引发产业变革的重大颠覆性技术预测研究”也以专家访谈和问卷调查为主（孙永福等，2018）。我国可以组织科学家、工程师对具有产业前景的前沿科技发展趋势进行预测，发布科技预见报告，同时主要经济体的科技预见可以作为对我国预测结果的印证。

（二）市场需求与未来产业选择

从市场需求的角度，可以从市场与技术的匹配度、新技术对现有产品的替代能力、相对确定的新市场需求三个方面对未来产业进行选择。

市场与技术的匹配度。虽然驱动未来产业的前沿技术的演进路线、技术商业化形成的产品的应用场景难以准确预测，但是人类的基本需要在漫长的演化过程中并没有发生根本性的改变，比如安全、温饱、旅行、健康、长寿、对未知世界的探索、价值的实现等是人类一直的向往。同时，人类的需要会随着生产力水平的提高而不断升级。随着经济发展、收入提高，人们在满足基本的衣食住行需求后，会产生更高层次的需求。例如，随着我国从中等收入国家迈向高收入国家、居民的收入不断提高，居民消费也从模仿型、排浪式转向个性化、多样化，从温饱型转向价值型。前沿技术的具体应用场景虽然难以预测，但是从技术本身的特性能够大致推断该项技术形成的产品具有的功能、能够解决的问题。“未来该如何发展，取决于目前已存在的迹象。”（施瓦格尔，2020）例如，原子核聚变能够释放出巨大的能量，这些能量既可以用于威力巨大的武器，也可以成为造福人类的能源；光生伏特效应可以将太阳能转化为电能，因此有可能成为人类能源的重要来源。将人类的基本需求与新技术的功能及其能够提供的潜在效用结合起来，就能够对前沿技术和未来产业的商业化前景作出大致的预测。例如，一些生命科学技术虽然无法准确预测其应用领域（能形成治疗何种具体疾病的药物），但是根据该技术的特点，可以预测它将会在药物研发、疾病治疗等领域发挥重要的作用。通过将前沿技术以及由此而形成的产品原型的功效与人类的基本需要及其演进方向相结合，就能够大致勾画出未来产业的发展方向。

新技术对现有产品的替代能力。新技术形成的新产品和新服务根据其提供的功能与现有产品的不同可以分为两类：一种是对现有产品的替代；一种是提供新的功能。由于人类的需求基本保持不变，因此即使是新的功能，很大程度上也是提供与原有产品同类的效用。比如，网络游戏虽然提供了更逼真的游戏体验和参与感，但是与传统的娱乐活动带给人的效用并没有本质的不同。从这个意义上来说，新技术相对于既有产品都具有替代关系。一般来说，新技术在初期不成熟，形成的初代产品虽然可能具有新的特性，但相比于既有产品往往成本更高、性能不稳定。比如，光伏面板将太阳能转化为电能，不同于以化石能源发电的传统技术路线，但提供给用户的电能是完全相同的。因此，从需求侧考察技术的商业化前景，需要考虑以下三个方面的问题：一是新技术提供的功能能够带给人们什么效用，提供该效用的同类产品或服务的规模有多大；二是新技术与提供相同功能的既有技术在价格、性能上有哪些优势和劣势，人们是否愿意为新技术付出额外的溢价，这部分市场有多大；三是基于新技术的新产品和新服务的成本下降趋势是怎样的？能够在多长时间内达到可与传统技术路线竞争的成本？

相对确定的新市场需求。在一些特定的情况下，市场需求是确定的，甚至是已经存在的，但是还没有能够充分满足这一需求的合适产品，因此政府部门和企业可以围绕这一特定需求开发新产品，并推动新产品的规模化生产。典型的例子是低碳技术及相关产品和服务。随着工业革命后人类经济活动对化石能源的大量消耗，由此产生的二氧化碳等温室气体造成全球气候变暖已成为人类社会的共识，世界各国正在致力于通过减少二氧化碳排放以达到零排放，从而保护我们赖以生存的地球，《巴黎协定》于2015年12月12日在第21届联合国气候变化大会上通过，在2016年4月22日的“世界地球日”由175个经济体签署，主要经济体作出能源消耗总量达峰、碳排放总量达峰和实现碳中和的承诺并提出时间表。例如，欧盟的减排目标是2030年温室气体排放较1990年水平减少55%，并在2050年实现气候中性；中国承诺二氧化碳排放力争于2030年前达到峰值，努力争取于2060年前实现碳中和。全球经济社会的低碳转型形成了对低碳相关技术和产业的巨大需求，这一需求是明确的，也是存在的，其问题在于还没有成熟的技术提供规模足够大的替代现有能源的产品，或者现有技术下产品的成本过高以至于在经济上难以承受。因此，这类未来产业的市场需求比较明确，不确定的是需要以什么样的技术路线来实现这些需求。

（三）要素条件与未来产业选择

尽管未来产业由于处于技术创新和产业生命周期的初期，各个国家和地区处于大致接近的水平，但并不意味着一个国家和地区可以任意发展哪个领域的未来产业，甚至可以发展所有的未来产业及其产业链的各个环节。首先，未来产业无论是科技创新还是产业化都投资巨大，且短期看不到回报，无论是国家还是地方政府的财力都是有限的，因此只能是选择一部分未来产业领域加以支持。经济体量大、政府财政状况好的国家和地区选择支持的未来产业领域相对可以更多一些。其次，未来产业是由基础科学的发展和前沿技术的创新所推动的，各个国家和地区在不同的科研领域具有优势。围绕优势科技领域发展未来产业，一方面，科学技术有可能处于相对领先水平，先于其他国家和地区实现工程化、商业化的突破，而创新的领先又容易拥有更多的核心专利，建立产业的技术壁垒；另一方面，科技的领先意味着在该领域拥有更多的领军人才，大学和科研机构也会培养大量的科学和工程技术人才，为前沿技术大规模产业化阶段提供人才储备。最后，未来产业虽然由前沿技术的突破所推动，但产业化的过程也需要其他配套行业的支撑。特别是在前沿技术商业化的初期，一方面市场上缺少对该产品生产所需零部件及其生产设备的资产专用性投资，另一方面由于承载未来产业的许多是初创企业，实力偏弱、资金匮乏，很难自己建设完整的生产体系。

一个国家和地区如果拥有与某一未来产业密切相关的发达配套产业，一方面配套企业与前沿技术企业可以在工程化的过程中紧密协作创新，加速打通生产工艺并进行生产工艺的迭代升级；另一方面，良好的配套环境能够降低生产成本、提高供应链响应速度，使最终产品具有更强的市场竞争力。以我国新能源车整车制造业为例，目前市场份额领先的企业以造车新势力为主，它们在成立伊始往往没有自己的总装厂，需要依赖传统整车制造企业为它们代工生产。我国完整的汽车产业体系以及竞争比较充分的产业生态成为新能源汽车政策制造业“换道超车”的重要支撑因素。总体来说，未来产业发展需要科研机构、学科装置、科学和工程技术人才、资金、产业配套能力等要素条件和产业基础的支撑，因此选择具有优势支撑条件的未来产业领域加以扶持，取得成功的概率更大。从区域布局的角度，未来产业应主要集中于资金、人才聚集的地区和城市，其他地区可以在未来产业逐步产业化的过程中进入未来产业的产业链中，参与未来产业价值链某个环节的配套生产活动。

虽然前文的分析表明，选择具有优势支撑条件的未来产业的成功概率更大，但并不是说选择其他产业没有成功的机会。一方面，一些前沿技术和未来产业领域在世界范围内都是全新的，比如量子科技，因此各个国家或地区的科技水平大致相当，也都没有太好的支撑条件；另一方面，未来产业的发展尚处于起步阶段，进入壁垒相对较低，即使是科技和人才基础相对薄弱，但是如果能够针对某一前沿技术和未来产业领域进行持续的高强度投入，也有机会扭转落后局面，形成相对领先的产业能力，这也是后发国家“换道超车”的机会所在。

三、未来产业发展对政府作用的新要求

对未来产业进行选择的目的就是通过实施科技政策、产业政策，推动要素向未来产业倾斜，解决市场失灵问题并促进未来产业的加速发展。从历史上看，在美国、德国、日本等国家的崛起之路中，产业政策都发挥过重要的作用；我国在短短几十年中就完成了发达国家数百年的工业化进程，构建起规模最大、具有全球竞争力的工业体系，是与政府的作用密切相关的。但是需要注意到，政府的干预也要有适当的范围和程度，一旦使用不当就会造成适得其反的效果。特别是对于我国而言，产业的技术和发展水平长期落后于发达国家，处于追赶地位，产业的技术发展方向非常明确，这是选择性产业政策发挥作用的重要前提。但是在未来产业领域，我国与发达国家处于相似的起跑线上，同时未来产业

本身具有高度的技术、市场发展方向的不确定性，因此，支持未来产业的产业政策与支持成熟产业的产业政策会有很大的不同，无论在供给侧还是需求侧，政策都需要作出适应性调整。未来产业的发展是技术推动与需求拉动共同作用的结果，因此在技术推动与需求拉动工具之间取得平衡的政策组合更有可能带来开发和利用创新的增加，并在创造市场需求方面表现得更加优异（Choi 和 Hyundo，2018）。

（一）供给侧的产业政策方向

我们可以借鉴国民经济行业分类方法，把未来产业分为不同的大小范围，包括领域、行业、细分行业三个层次。领域是指能够提供相同或相似的功能、解决同一类问题或满足同一类需求的一系列技术及其产品生产或服务开发活动的总和，比如低碳产业的各种产品和服务都能够减少二氧化碳的排放，数字产业都围绕数据、算法和算力提供产品和服务。领域对应着《国民经济行业分类》中的“大类”（比如汽车制造业）和“中类”（比如汽车整车制造业）。行业是指同一领域中具有相似核心技术和系统架构的产品生产和服务提供活动，对应着《国民经济行业分类》的“小类”，如汽车整车制造领域之下的新能源车整车制造。细分行业是指同一行业中具有相同的核心技术的产品生产和服务提供活动，比如新能源车整车制造行业之下的电动汽车。即使在细分行业，也可以根据技术路线的差距进一步细分，比如电动汽车又可以分为纯电动、混动、插电式混动、增程式电动等不同类型。可以看到，领域和行业更侧重于技术功能和市场需求的视角，不涉及具体的技术路线；而细分行业已经包含了相对明确的技术路线。

从供给侧的技术驱动看，产业政策的实施需要注意两个方面。一是产业政策扶持的产业范围。由于细分行业涉及非常明确的技术路线，技术创新的巨大不确定性很难对技术演进的方向作出准确预判，选择这一技术路线的决策者很难准确判断该技术路线最终是否能够胜出。如果创新政策、产业政策干预到这个层次，就容易扭曲市场的资源配置，造成一旦押错方向不但造成巨大的投资损失，而且很可能在未来产业的国际竞争中错失先机、处于落后局面。相比之下，领域和行业的划分是基于技术的主要功能、为用户提供的效用，可以作出相对准确的判断。实际上，世界各国对前沿技术和未来产业的布局具有很大的相似性，基本都集中在数字科技、生命科学、低碳等领域。因此，国家对未来产业的支持应该集中在领域和行业层面，而避免对细分行业作出选择性的支持。二是产业政策扶持的创新链、产业链环节。未来产业是由前沿技术所驱动的，基础研究是对自然规律的发现，其创新成果以学术论文等形式展现出来，具有公共物品的性质，正外部性的存在造成创新主体无法获得其创新投入所产生的全部收益，因此存在社会创新投入不足（斯蒂格利茨，2017）。这就需要政府加强对基础研究的支持，补齐社会创新投入的差额，通过加速基础研究形成对未来产业发展更大的推力。随着从基础研究向工程技术研究的推进，创新的产出成果逐步能够以更加不透明的方式（如专利、商业秘密等）存在，虽然正外部性减小，但是由于前沿技术向产业转化的周期长、不确定性高、失败风险大，仍然可能存在社会创新投入不足的可能，因此政府也需要对竞争前阶段的创新活动给予支持。随着技术从产品原型向工程化迈进，知识的私有性进一步提高，企业获取创新产生收益的前景愈发可期，同时技术路线的高度不确定性依然存在，因此在这个阶段，政府应该避免对前沿技术的商业化产业化进行直接补贴。

（二）需求侧的产业政策方向

从需求侧的市场拉动看，政府应该采取必要的措施为先进技术的产业化提供市场支持，从而支持甚至加快工程化、产业化中的技术、工艺的持续改进。Nemet（2009）指出，诱导需求拉动创新效应的政策设计包括一系列假设：政策可以提高对技术的需求，增加预期的未来需求可以提高成功创新的回报，更高的预期回报刺激改进技术的努力。现实的案例表明，政府虽然在资助广泛的科技研究方面发挥着重要的作用，但是由于缺乏基本知识、市场需求，以及政府和私人部门之间交界面的复杂性，通过大力推动促进特定行业技术基础发生变革的尝试很可能失败（David 等，1979）。政府政策实施中面对的最大的挑战是未来产业发展的巨大不确定性，政府对市场侧的支持需要根据技术不确定性的变化而调整。从产业范围来看，在市场看得比较准的领域和行业（如低碳相关产业），政府可以采取较大力度的市场支持模式，但是在技术路线和市场需求不清晰的细分行业，相对谨慎的市场支持更为可取，政府支持的重点应放在创新链，更好地促进技术的创新以发挥技术推动的作用，在技术的市场化前景相对清晰的时候，政府再从需求侧介入并采取较大力度的市场支持。从创新链和产业链的联系来看，技术的不确定性是与前沿技术和未来产业的发展阶段相对应的。基础研究的不确定性最大，到工程化阶段明显减小，进入大规模生产阶段后，技术的不确定性相对很小，直到新的颠覆性技术的出现。因此，对于从基础研究到产品原型的工程化阶段，政府可以采用竞赛（如“科技创新挑战赛”）的方式，比如，2001 年美国国会授权国防部高级研究计划局（DARPA）分别在 2004 年、2005 年、2007 年组织举办了三届无人驾驶挑战赛，吸引了来自 IT 公司、整车厂商、大学等的几十个团队，加速了无人驾驶技术的发展。从产品原型到商业化阶段，技术的不确定性下降，政府可以采用应用示范的方式予以支持。进入大规模生产后，技术的方向变得比较明确，政府可以采用政府采购、新型基础设施建设、用户补贴等更大力度的市场支持方式。

对市场需求的支持应尽可能采取对最终用户进行支持的方式。其主要原因在于，前沿技术和未来产业的发展不但具有技术和市场的不确定性，也具有企业主体的不确定性，既无法准确判断哪个企业能率先实现前沿技术的工程化、产业化，也无法预判哪个企业能够成为最终的胜利者，而且往往技术的不确定性、市场的不确定性与企业的不确定性是交织在一起的。市场最终的胜利者往往是选对技术路线和市场应用场景的企业，反之，市场的失败者很有可能是选错了技术路线或者应用场景，或者二者兼而有之。因此，如果政府直接采购未来产业某一具体企业的产品，则有很大的概率选错技术路线。相反，如果政府对最终用户进行补贴，实际上就在市场侧引进了竞争机制。最终用户从自己利益最大化出发，会选择给自己带来最大价值的产品，这会向企业释放出用户需求特点的信号，不但能够引导企业向这个方向推动技术创新和新产品开发，而且企业间的竞争会向企业施加巨大的压力，成为企业加快技术创新和产业化的动力。需要注意的是，在一些需求明确的市场，政府可以根据经济社会发展的目标提出明确的技术—经济指标并动态调整，凡是符合这一指标的新产品就能够进入最终用户的采购范围。比如，政府制定光伏上网电价并逐步退坡；政府提出新能源汽车的百公里能耗和排放标准，而不是直接选择氢燃料电池或锂离子电池的技术路线。只要能达到政府规定的能耗和排放标准，那么无论哪一种技术路线产品的用户就都可以获得政府的补贴。

第六章

未来产业的创新组织形态演化

在创新过程中，技术特征必须与组织形态相匹配。创新组织的目标是有效整合资源，创造和扩散新知识、新技术，提升企业的创新能力。组织形态因创新目标和任务要求而不同，创新组织具有个性化特征，各个主体、要素需要依据创新任务的差异而选择有效的组织方式。只有选择适合的组织形态和培育机制，才能有效地组织创新活动。那么，围绕创新目标，如何有效组织资源，培育环境，提升创新的有效性？何种组织形态更加适合未来产业创新，各个创新主体之间的相互作用形成了哪些具体创新模式？只有深刻理解未来技术的内涵特征以及创新组织形态的结构性特征，才能有效应对未来产业创新的复杂性和不确定性，选择适合的创新组织结构和机制设计，制定符合未来产业发展规律的政策措施。

一、未来产业创新情境的特征

未来产业的创新情境主要体现在技术创新的不确定性、政府参与度持续提升以及创新资源不断社会化。

（一）技术创新的不确定性

动态复杂性是企业面临的主要外部环境特征。创新是企业对于未知领域的探索，并需要承担风险。除了环境动态性和复杂性，未来产业创新的不确定性还来自两方面。一方面，在新一轮科技革命与产业变革过程中没有一个明确的主导技术或者通用目的技术。新一轮技术革命和产业变革的突破性发展不会仅依赖于一两类学科或某种单一技术，而是需要多学科、多技术、多产业、多部门高度交叉和深度融合，从“点的突破”迈向“群体爆发”，颠覆性新兴技术的融合裂变创生巨大蓝海。新一代信息技术是一个技术集簇，包括多种不同的新技术（赵剑波，2021）。另一方面，技术效率更高的突破性创新可能会来自边缘技术领域，而不是来自由大企业主导的研发中心或者创新实验室。企业技术创新的主体不再仅是上层管理者，而是起始于小环节、小变量，或者低层级业务单元。不仅如此，局部的、小的创新有可能引发企业的整体性、根本性、颠覆性变革。创新变革的发生过程往往是非线性的和突变的，企业领导者甚至也不知道颠覆性的创新何时发生、因何发生，以及能够产生什么样的后果。

未来产业发展面临的最大挑战在于技术生命周期越来越短，大破与大立加速迭代，技术路线的不确定性与企业增长的爆发性并存，对赛道准度、发力精度、布局速度的要求空前提高。未来产业从孕育孵化阶段进入产业化规模化阶段，需要新兴技术、前沿技术和颠覆性技术的共同突破和推动，因此技术突破与未来产业发展具备高度联动性。鉴于未来技术和未来产业发展的不确定性和涌现性特征，无论政府还是企业，都不能及时对创新发展作出及时、正确的判断，最终产业的成熟一定是在全面创新创业过程中自然淘汰的结果，因此各个创新主体需要保证市场具有“天然的活力”。在不确定性成为常态的情况下，企业需要具有驾驭不确定性的能力，即需要有持续与环境互动的能力，需要适应环境变化并作出快速反应，动态地构建核心竞争力。企业要对创新具备敏感性，拥有新技术“触角”，感知和把握创新技术的来源，并能够将其为我所用。

（二）政府参与度持续提升

产业政策相关研究强调选择性，政府可以通过制定产业政策鼓励或者限制具体产业的发展。政府也会直接参与创新活动，以中国高铁产业为例，政府不仅作为投入主体以巨额研发资金推动创新，也作为最终用户从市场需求方面拉动创新。政府可以引导科技创新发展的方向，即使发达国家政府也会制定国家创新发展战略以及重点专项计划等，如《美国国家创新战略》强调优先发展九大科技领域，日本政府制定科学技术基本计划和每年的年度综合战略。政府甚至可能在国家创新体系中起主导作用，以国家创新体系相关研究为例，陈劲（2018）、陈继勇等（2011）、辜胜阻等（2008），以及严锦梅和刘戒骄（2022）从不同的方面分析了政府在完善和提升国家创新系统功能中发挥的积极作用。因此，政府也会按照市场逻辑参与创新活动，扮演管理者和参与者的双重角色。

尤其随着新一轮科技革命和产业变革的深入发展，数字经济时代技术创新爆发式裂变的特征，促使“科学发现—技术发明—产业发展”的创新演进周期大幅缩短，产业部门需要从“等待—消化—再创新”转变为“二次创新”与原始创新同步调的创新发展模式，积极培育未来产业生态，甚至成为原始创新的有力参与者。例如，深圳正建设一批基础研究机构，地方政府科技投入重点由成果产业化转向基础研究，2020 年基础研究投入超 20 亿元，未来每年将财政科技投入的 1/3 用于基础研究。当然，在开放的竞争市场中，政府不能采用行政手段调动和配置创新要素，需要处理好举国体制与市场机制的对立统一关系。

（三）创新资源不断社会化

开放式创新的观点要求企业在创新过程中整合内外部要素和资源，以及与外部创新主体广泛合作，从而提升创新能力和创新绩效。保持开放能够使企业从外部获得新创意和新技术，有助于企业在动荡复杂的环境中跟踪和搜寻新的技术范式和创新要素，从而促进突破性创新能力的提升。与外部创新主体的合作能够弥补企业内部创新资源的不足，减小创新的不确定性，提高创新效率。政府通过搭建各种先进技术、人才等创新要素的引进、合作与交流平台，鼓励和推动开放式创新。

随着创新资源社会化的程度不断提升，创新生态系统正在不断完善和形成。创新企业通过与多种不同主体建立多种类型关系，进行信息、知识等资源的互动，创新主体之间的关系也变得越来越复杂，这样就形成了一个健康的创新生态。在创新生态系统中，各个创新主体彼此间进行着复杂的交互作用，从而促进创新的发生（林嵩，2011；蔡莉等，2007）。尤其值得注意的一个倾向是，最大的不同在于以前是生产方式决定创新方式和生活方式，现在是创新方式和生活方式反向决定生产方式，使得资源配置与生产组织更加向市场牵引下的小业务单元创新聚焦和倾斜。

二、创新组织形态的演化

技术创新包括发明创造及其商业化过程。创新组织呈现不同的形态，这些形态各异的创新组织是创新系统的主要构成要素（严锦梅和刘戒骄，2022）。创新组织形态的选择要依据技术特征的差异而定，才能产生优秀的创意和具有影响力的创新成果。

（一）创新组织形式的多样化

本章意在总结和分析国家创新中心（国家实验室）、产业投资基金、企业研发中心、创新创业企业（及风险投资）等创新组织形态和方式。

1. 国家创新中心

以国家实验室或者国家创新中心为代表的公共研发机构是推动创新的主要力量。以美国为例，政府委托公共机构进行创新管理，在各个基础技术和前沿技术领域形成了完善的国家实验室体系，如麻省理工学院的林肯实验室、加州大学的劳伦斯伯克利实验室，以及 DARPA（国防高级研究计划局）、国家航空航天局和国家科学基金会等。创新任务是集中资源进行科技攻关，如美国的星球大战计划，以国防高科技项目带动了火箭、航天、高能激光、微电子、计算机等未来技术的发展，并在相关领域涌现出一批创新型企业。

国家创新中心的首要任务就是服务于国家科技战略，最大限度地推动先进科技成果的转化转移。在未来技术领域，美国航空航天局在 2023 财政年度预算中通过重返月球的阿尔忒弥斯计划，保持其在新技术探索和发现方面的领先地位。从资金来源来看，除少量企业和个人资助外，国家创新中心主要依靠政府拨款。我国也有类似的重大专项计划，曾以举国体制实现了“两弹一星”等重大创新突破（王聪等，2022）。

2. 产业投资基金

产业投资基金运营体系的建设必须有政府的大力参与（郭广良，2010）。未来产业的投资主体有很大特殊性，一般是由政府安排出资，引导社会资本参与，设立产业发展基金或者天使母基金，资金主要投向电子信息、生物医药、现代服务业等未来科技和产业领域，从而提升科技自主创新能力，为区域或者国家注入产业发展新动力。

产业投资基金能够弥补企业创新资源不足的问题。现有研究认为，创新不足的主要原因在于新技术商业化过程中企业分配资源的缺乏（Vakili & Kaplan，2021）。以量子技术为例，由于量子计算的超强计算能力、量子密码构成的通信网络的加密性，"国家队投资"在量子产业发展中是不可或缺的推动力量。从国际经验看也是如此，除了主流投资机构，大型公司也参与其中，以捐赠、投资、孵化等形式推动未来产业创新和产业化，如美国航空航天局等国家产业基金等。美国政府成立国家量子计划（NQI）项目，计划投入12亿美元，为量子信息创新提供总体研究框架。产业投资基金具有明显的引导作用，能够向市场主体传递积极信号（Kleer, 2010），同时也增强了中小企业的外部融资能力（王聪等，2022）。当然，政府通过产业投资基金直接参与企业创新的同时，也会构建相应的退出机制。

3. 企业研发中心

对于许多大企业来说，内部创新创业革命仍然是增长的主要动力。虽然有来自行业中初创企业的颠覆，也有各种各样的"创新时尚"，但是不可否认，尤其在持续性创新领域，大企业以其雄厚的资金实力和丰富的行业经验展现出不可替代的作用。突破性创新对于维持大企业的竞争优势至关重要，然而，大企业的内部流程可能会抑制创新资源向突破性技术创新及其商业化过程进行配置。在创新过程中，大企业会采用一套成熟的评估标准选择创新项目，这些标准往往扎根于组织既往的成功经验，以及由其高级管理人员的行业背景所决定（Benner & Tripsas, 2012）。因此，组织惰性会约束企业内部新创意的产生及其创新资源的配置（Ahuja & Lampert, 2001; Kapoor & Lim, 2007）。人们经常用柯达、诺基亚等案例说明大企业会被来自行业外部的创新者所颠覆，企业既有的业务模式无法实现自我颠覆，甚至可能成为颠覆式创新的“拦路虎”。虽然存在路径依赖，但是大企业还是会投入大量的创新资源，不仅能强化现有的成熟型企业的优势，还会促进突破性创新的产生。毕竟，初创企业也会成长为大企业，突破性创新也会发展到渐进性阶段，在这一循环迭代过程中，研发投入与资源配置是促进创新的重要动力。

因此，企业研发中心是创新活动的基本面。企业通过设立研发中心，开展关键共性技术研发，推动基础研究向应用研究转化、应用研究向产业化技术转化，以及从小试到中试再到规模化生产发展。大企业也拥有很多尖端的技术成果，尤其是一些跨国企业有意识地在全球范围建立外部创新中心，通过赋能新创企业来解决创新能力培育问题，已成为一种普遍的趋势。华为的创新研究计划广为人知，每年的研发投入达到利润的 10% 以上。以 AI 领域为例，世界有七大 AI 人才“黑洞”公司，包括微软、谷歌等，一直在坚持探索可能改变行业的颠覆性技术。

4. 创新创业企业

很多改变技术轨道的大企业都是从初创企业开始逐渐成长的（Agarwal et al., 2016; Sørensen & Fassiotto, 2011）。在实践中，初创企业的突破性创新使许多跨国企业龙头在市场竞争中遭受失败。以共享经济、平台经济为代表的新经济催生无工厂制造商和微型跨国公司，小企业开始拥有与大企业相同的能力。突破性创新能够改变市场规则和竞争态势：大幅降低成本、提升技术性能，最后导致整个产业重新洗牌。当市场出现拥有突破性创新成果的初创企业和竞争对手时，现有的成熟大型企业就可能丧失其市场领先地位。在历次工业革命中，初创企业不断创造出新的行业，并成为新行业的创造者和领导者，而不仅是创建了几家卓越的企业。正是因为存在数量惊人的初创企业，其中涌现出了许多领先的创新者和创造者，它们才得以最终成长为新兴行业的主导企业。由于技术创新态势的剧烈变化，大企业也会不断培育、收购新业务，剥离旧业务，业务结构也相应地被快速重构。

初创企业与风险投资机构伴生。创业行为不仅能够为企业所有者，而且能为所有参与者和利益相关者带来价值的创造、提升、实现和更新。以软银集团为例，投资涉及从出行共享、联合办公、机器人到农业、癌症检测和自动驾驶等领域的初创企业。在每一轮新科技革命中，初创企业的角色类似于人类科技发展的“天气预报员”，因此也成为未来产业发展的风向标。在一个成熟的创新生态里，初创企业往往也是大公司的并购对象，大企业会通过分享行业知识和资源来帮助初创企业成长，并在其取得创新突破之后通过并购实现自我能力的更新。例如，飞利浦公司在埃因霍温主导规划了一个高科技园区，通过设立外部创新中心为初创公司赋能，在短短十多年时间里集聚了将近 200 家高水平的创新型企业，成为欧洲四大高科技聚集地之一。

（二）创新组织形式持续演化

正是因为创新的偶发性与不确定性，所以无论是政府还是企业，在培育和组织创新活动的过程中都更加注重开放性，创新活动的规模、范围和边界出现了前所未有的变化。随着创新资源的社会化，公共机构和企业部门组织创新的方式也在发生变化。政府应为创新的涌现提供新型基础设施和公平的创新环境，企业要营造良好的创新文化氛围，激发员工的创新活力。为了促进不确定创新，构建平台型企业、培育创新型社区、成立前瞻型机构、建设新型创新设施成为发展未来产业的重要途径。

1. 平台型企业

未来产业创新的组织模式是通过构建平台型企业实施分布式创新，即“大平台 + 分布式创新触角”所形成的创新体系（王节祥和蔡宁，2018）。一些典型的组织模式，如“平台 + 分布式项目”“平台 + 小组”“平台 + 自主经营体”“平台 + 创客”“平台 + 生态”等也是当前创新企业着力发展的新组织模式，包括苹果、谷歌、微软、亚马逊等，代表了创新组织模式的发展方向（胡海波等，2020）。未来的创新组织形态以“平台化 + 分布式”为主要特征，既能够使得小业务单元独立自主经营，具有创新创业的冲动和活力，同时又可以充分发挥平台化集约化的规模经营与管理效应（陈威如和王节祥，2021）。

平台企业的创新特征主要体现在多边主体参与、注重知识创造等方面，但是相对于资源更加分散的创新型社区，平台创新生态系统中存在一个主导企业。从平台型企业整体特征看，本质上还是一个创新生态，能够将分散于企业内部和外部的创新资源与创意挖掘并加以利用，形成了开放、流动、弹性的无边界特征。以海尔构建平台型企业为例，通过在企业平台上孵化出大量的小微企业，每一个小微企业都能成为创业公司，海尔因此转型成为一个大型的创业企业加速器（赵剑波，2017）。利用“平台 + 小微”的组织模式，可以通过催化赋能小细胞裂变出大产业。以华熙生物构建“研发工作室”为例，通过充分授权研发工作室，将工作室带头人作为企业的创业合伙人，赋予其高度自主性，打破组织间的壁垒，形成良性的竞争与合作机制，从而提升企业的整体创新能力。

2. 创新型社区

以众创空间为代表，既是创新创业服务机构，又是创新生态系统。众创空间的价值在于通过创意孵育、相互学习和资源共享为每个主体提供创新机遇（李燕萍，2020）。众创空间有其产生的具体背景与条件（刘志迎和武琳，2018），区别于新型技术设施建设，创新型社区重在创新环境的营造，以催生主体之间的协同反应。以硅谷为例，多元、开放及协作的氛围，对失败容忍和百折不挠的创新精神才是其作为创新社区的内在特征（刘戒骄，2022）。

众创社区形成了一个创新形态系统，在社区内部创新主体通过开放资源、交换资源，形成了内在共生、资源互补、深度协同的价值共创机制（戴亦舒等，2018）。创新型社区与平台型企业的共同之处在于价值共创。解学芳和刘芹良（2018）描述了众创空间的演化过程，众创空间逐渐从创新生态向开源社区演进，尤其是随着数字技术的发展，虚拟社区、开源社区等新的创新形态不断形成，开源的概念也被安卓生态系统等现实实践所支持和证实。众创空间内的各个主体志趣相投、知识共享、智能互补、相互信任，创新了合弄制、效果逻辑等机制，推动颠覆性与内生性创新的产生（刘志迎和武琳，2018）。

政府还可以通过培育良好的创新环境，使得新技术新业态等自发地涌现，创新型社区就是一个重要载体。在一个创新型社区中，最有前途的生命形态总是以一种不可预测的方式出现。创新的火花不知道会从哪里出现，创新型社区就是这样一个环境。例如，北京等城市的众创空间能够提供从创意到创业再到产业聚集的全链条服务，尤其是一些平台型企业能够采用战略投资的形式，把握创新发展趋势，孵化未来科技领域的初创企业，从而布局新兴业务，实现技术能力的持续迭代与优化。

3. 前瞻型机构

前瞻型机构以未来产业为研究对象，是具有一定前瞻性的创新组织。例如，美国最近几年出现的一些未来产业研究所，正在成为美国未来产业研发体系中的核心力量。以谷歌未来产业实验室、英雄学院等为例，这些机构的作用不在于创新技术的孵化，而是前瞻性地预测创新方向，包括未来技术领域及其筛选的方式，它们是典型的分布式创新组织。未来产业研究所是面向国家战略需求组建的，政府、产业界、科研机构和社会组织参与共建的产业技术研发机构，通过多部门协作推动前沿产业关键技术创新（王雪莹，2021）。

谷歌未来产业实验室在严格意义上并不是一个大型的研发中心，谷歌的意图是创建一个独立的边缘组织。谷歌内部每年可能会产生数百个内创业想法，但只有一小部分最终在谷歌未来产业实验室中得以实现。谷歌未来产业实验室最多只运营10个项目的投资组合，通过数据挖掘和谷歌科学家的判断，将不同的创意从数千个潜在的想法中筛选出来，纳入容量为10个项目的小型投资组合中，经过持续迭代，剩下的一小部分就是那些具有高度颠覆性的未来产业项目。经过谷歌未来产业实验室筛选出的成功创意有谷歌大脑(超强语音识别、搜索照片和视频推荐)、谷歌隐形眼镜(帮助糖尿病患者通过眼镜监测血糖水平)、自动驾驶汽车，以及“龙”产品(通过同温层气球提供互联网接入)、“翼”(城市飞车项目)、“玻璃”(通过头戴显示设备实现增强现实)等。国内类似的案例是深圳创投，这是一个兼具产业基金、创新社区、平台企业等众多特征的创业投资机构，但从其业务选择逻辑看，重点培育以未来产业创新为重点的“创新—创业—产业”孵化链条，形成内生动力强、科技创新成果转移转化效率高的机制，同时，以众创空间、孵化器、加速器为载体，以专业化服务机构、国际化产业促进机构为支撑，推动未来技术的产业化。

4. 新型创新设施

创新基础设施具有公共属性，是政府未来推动新科技革命而实施的集中式创新活动的表现。从创新基础设施来看，2015 年的《美国国家创新战略》提出，美国政府积极为科技创新提供完善的基础设施。创新基础设施的作用是无形的，一些看似市场行为或创新企业家的个人成果，其背后离不开政府的努力（Mazzucato，2019）。

新型创新设施是数字经济的基础设施，以新基建为例，是以信息基础设施、融合基础设施、创新基础设施建设为支撑，促进新一代信息技术向实体经济的全面渗透和融合应用（赵剑波，2021）。新基建的发展一方面可以促进未来科技本身的创新发展，另一方面可以深化未来科技与实体产业的融合发展。新基建本身就代表着一种创新组织范式，那就是要以产业数字化推动数字经济继续繁荣，而数字化能力将决定企业竞争力与创新能力的提升。伊斯梅尔和马隆（2015）提出了指数型组织的概念，这些组织能够利用人工智能、大数据等数字技术实现快速增长。传统企业则依赖稀缺资源，行动缓慢，而以新基建为基础的数字化组织灵活、适应性强、反应迅速，几乎能够跨越任何行业壁垒，并因此得以实现指数级增长。因此，新型基础设施建设不单是为数字经济“修路”和补充动能燃料，而且会助力未来产业加速实现数字化及快速增长。

三、未来产业的资源配置、培育机制与增长模式

未来技术具有多样化和不确定性特征，按照前文所述的创新组织形态，应根据技术的特性选择适合的组织方式，并建立相应的业务发展逻辑、创新分享机制，甚至探索可能的盈利与增长模式。本章提出了国家创新中心、企业研发中心、产业投资基金、创新创业企业，以及平台型企业、创新型社区、前瞻型机构、新型创新设施共八种培育未来产业的组织形态。此外，未来产业的培育和发展必须要有相应的培育机制和增长模式。

（一）资源配置

既然是未来产业，则技术创新的风险性普遍较高，创新风险意味着巨额研发费用并不能获得相应回报。因此，如果未来产业的技术特性与创新组织形态之间能够形成有效的匹配，那么就能够提升未来技术创新的效率。无论选择何种创新组织形态，一定要强调未来产业与组织方式的适配性。

一是创新资源配置需要与未来产业发展的阶段性相适应。未来产业技术成熟度低，投入大，投资回报周期长，因此技术路线、应用场景及市场、产业化时间、优胜企业都无法事前准确预判。未来技术在产业化过程中需经历“魔川”“死亡之谷”“达尔文海”三个关键瓶颈，研发投入不足、市场不确定性高、商业模式不成熟等因素都会使得未来技术夭折在技术研发阶段。

二是各个阶段的资源配置呈现从分散到集中。未来产业的出现具有涌现性及高度的不确定性。在初始阶段，风险投资机构、创新型社区、

前瞻型机构等资源社会化程度较高的配置模式一方面能够分散投资风险，另一方面能够契合未来产业类型多元化的特征，此时需要形成一个良好的创新生态系统。随着未来技术的产业化发展，技术范式和技术轨道逐渐变得成熟，平台型企业、企业研发中心等组织模式逐渐发挥更加重要的作用，能够加速面向消费者的商业模式的迭代与成熟。最后，当未来产业成长为具有国家使命特征的支柱产业，以国家实验室为代表的创新中心，甚至以科技自立自强为导向的新型举国体制等，都将为未来产业的加速成熟提供更多的资源支撑。

三是未来产业的组织主体构成具有明显的阶段性。在基础研究阶段，大型科学装置、大学和科研机构、大型企业研究院等公共机构能够带动基础研究成果突破；在工程化阶段，初创企业、企业孵化器、风险投资机构、产业链配套企业、早期用户等能够带动基础研究技术的工程化，并产生大量的创业型企业家；在商业化阶段，制造企业、产业配套企业、大规模用户等能够推动未来产业向新兴产业阶段迈进。因为不同创新组织主体的重要性随着未来产业成长阶段而发生变化，相应地创新要素也会不同程度地进行组合与调整。

（二）培育机制

任何组织形态都有可能孕育出未来产业。作为培育未来产业的主体，要注意把握未来科技创新的领域和方向，整合企业内外部资源，构建培育颠覆性创新的新机制，积极推动未来产业繁荣发展。

一是把握创新方向。新科技革命带来创新的不确定性。任何企业和个人在达到某个临界点时都需要自我革新。创新组织要能够通过在创新发生的不确定环境下，利用个体扩大企业触觉，把握未来的创新方向。为了应对来自行业内外颠覆性创新的挑战，通过构建新的组织形态，不断寻找颠覆性创新的方向，发现“第二曲线”，以培育新的产品市场共生轨道，创造新的利基市场。

二是培育创新团队。大量研究证明，那些能够包容多元化知识领域的团队更能促生新颖的创新成果（Kaplan & Vakili, 2015；Vakili & Kaplan，2021）。最近，一些大企业也开始尝试通过授权员工更积极地参与技术创新及其商业化过程，以充分激发员工活力并利用发明者的创造力。拜耳、诺基亚、海尔等企业都在为鼓励创新型员工分配更多资源、营造创业环境，以使得新创意能够获得相应的资源支持，并发展成为新兴业务（Birkinshaw, de Diego, Lessi, & Trill, 2018；Melvin & Feinberg, 2019；Hamel & Zanini, 2018）。个人或者团队的创新会带来整个组织的颠覆型创新，很多创新可能不是来自核心部门，而是来自边缘部门、某个团队。在创新团队中，每个成员的知识领域变得更加专业化，团队需要全神贯注地关注创新前沿（Agarwal, Goldfarb, & Teodoridis, 2016）。创新团队能够筛选出优秀的创意，并创造出具有影响力的创新成果（Singh & Fleming, 2010）。

三是构建创新机制。当不确定性成为常态，企业需要探索一种新的创新组织方式，能够形成持续与环境互动的能力，因环境变化作出快速反应，动态构建持续竞争力。因此，组织要充分尊重个体的力量，更要尊重团队创新。因为创新越来越成为一种集体努力的成果，团队构成和激励机制对于培育突破性创新愈发重要。创新团队更加倾向于采用创新者全员共治的治理方式。通过股权激励或者事业合伙人等形式，让每个创新者和创业者获得利益。人力资本不仅要参与剩余价值分享，还要参与公司的治理，这就使得企业人力资本和货币资本之间的关系不再是简单的雇佣关系，而是合伙共创共治的关系。如果企业不想被颠覆，就只有通过颠覆自己来实现变革，围绕多体系、多团队构建新的机制实施颠覆式创新。

（三）增长模式

企业可以通过孵化未来产业领域的前沿科技，培育初创企业，或通过不断投资或者收购具有创新潜力的新兴企业，实现非线性增长。

一是创新成果产业化。多学科、多领域的高度交叉和深度融合是新一轮科技和产业革命的变革前沿技术方向。随着科学探索不断深入，学科交叉融合更加紧密，诸多领域在交叉汇聚过程中呈现出多源爆发、交汇叠加的“浪涌”现象，不同领域的技术加速融合裂变。随着越来越多颠覆性创新成果的不断转移转化，围绕生物医药、新材料、节能环保、数字科技等重点领域，实施开放式创新，不断探索从企业内部的利益分享到产业链的利益分享机制，短时间内实现创新成果的产业化。

二是培育初创企业。新科技革命和产业变革体现出明显的知识经济特征，新的商业模式不断出现，催生了很多新的组织形态，企业可以实现非线性增长。依托平台型企业强大的资金积累、资源整合和系统管理能力，最终会涌现出一批创新的独角兽企业，推动平台实现非线性增长。在创新组织方面，以科层制、线性分工为特征的传统产业组织转为以网络化、平台化、扁平化为特征的新型组织，企业关系由上下游配套转为价值网状协同，市场渠道由以顾客为中心转为以用户为中心、产品驱动转为数据驱动，价值创造从“链条的加法”转为“生态的乘法”。

三是并购和技术交易。通过产业基金、PE式非控股的投资新行业，如AI、基因工程、生物医药、新材料、数字科技等发展快速的前沿科学领域。这种投资形式被证明是很成功的，通过新技术并购、溢价、剥离，企业可以建立并保持业务组合的灵活性和流动性，实现持续高速成长。

第七章

未来产业的发展条件与区位布局选择

产业是国家的经济命脉，是大国博弈的主战场。以资源、能源、金融等为代表的支柱产业决定了一个国家的产业规模，以半导体、先进制造为代表的战略性新兴产业决定了一个国家的产业活力和国际竞争力；而以量子科技、人工智能为代表的未来产业是未来的战略性新兴产业和支柱产业，体现了一个国家未来的产业规模和活力，决定着国家未来的产业竞争力。

世界上主要经济大国精心布局传统支柱产业和战略性新兴产业，近年来开始谋划布局未来产业。虽然未来产业是中央政府层面科技和产业政策前瞻布局的重点，但无论是先进技术的创新还是产业化，都要落地到具体的地区和城市。本章通过分析未来产业的特点，总结发展未来产业的条件，归纳城市发展未来产业的三种类型，并提出地方发展未来产业的一些原则和方向，为未来产业的区位选择提供决策支持。

一、未来产业发展不同阶段的差异性

前文指出，从总体上看，未来产业具有创新驱动性、不确定性、长周期性和高投入性等特点，也指出未来产业发展呈现阶段性，即未来产业发展演化的过程存在显著的阶段性差异。未来产业形成于基础研究的突破，依据技术和产业发展的成熟度以及相应的主要活动的差异可细化为从基础研究到工程化阶段（工程化阶段）、从工程化到商业化阶段（商业化阶段）和从商业化到产业化阶段（产业化阶段）。工程化阶段就是将现有的科学和技术支撑的理论原型通过工程技术手段转化成具有商业化应用前景的产品原型，在技术迭代下，产品性能不断优化，技术是该阶段推动未来产业前进的决定力量。商业化阶段主要集中在组织各类创新人才、资金等要素资源开展研发、销售、生产、管理等市场化活动，主要活动在于发现市场需求和拓展应用场景，终端应用成为推动未来产业的决定力量。产业化阶段开始进入大规模生产阶段，产品的影响力向大众消费和生产领域拓展，大众生活方式被重塑，生产方式被革新，大众需求和投资需求逐渐成为产业发展的决定力量。

（一）未来产业的总体特点

1. 创新驱动性

未来产业的发展过程也是技术创新的过程，但是范围更窄，未来产业特指“处于探索期的前沿技术所推动的，以满足经济社会不断升级的需求为目标……的战略性新兴产业”（李晓华，王怡帆，2021），因此未来产业具有高技术性、价值实现性等特点。不同于一般的技术创新，未来产业的发展是通过创造或引入探索期的前沿技术，创造新产品、新服务，开拓新市场，实现社会价值和经济价值。需要强调的是，未来产业中引入的是探索期的前沿技术。举例来讲，美国 2019 年将人工智能、先进制造、量子信息科学、5G 列为未来产业的关键技术，这些领域将在未来重塑交通、通信等生活和生产方式，有可能引领新一轮工业革命。

2. 不确定性

未来产业是技术创新中最具不确定性的。技术创新按市场需求和技术两个维度可分为四种类型：渐进式（现有市场、现有技术）、杠杆式（新市场、现有技术）、间断式（现有市场、新技术）和激进式（新市场、新技术）。未来产业是激进式技术创新，是技术创新中风险最高、最具不确定性的，面临开发新技术和开拓新市场两类挑战。因此，未来产业的发展主要面临两类风险：技术路线不确定性和市场不确定性，二者贯穿未来产业的发展过程。未来产业的前期技术路线不确定性高，技术风险占主导；随着开发的深入，特别是进入商业化阶段后，技术路径越来越明确，技术风险越来越低，而市场风险逐渐占主导地位，技术风险成为辅助。

3. 长周期性

未来产业发展包含实验室原型产品的性能优化和技术迭代，新的能源资源的挖掘和使用，生产工艺、零部件以及生产设备等产业配套的建立和完善，乃至组织方式的调试和变革，涉及新技术应用及扩散，是个环节多、周期长的过程。以计算机为例，首台有计算功能的计算机早在1930年就出现了，而在1889年就诞生了具有存储功能的电动制表机，经过漫长的技术升级和产品迭代，1946年诞生了第一台电子计算机，随后应用场景不断扩大和拓展，商业化阶段开启漫长的演化发展之路。1971年集成电路技术的发明使得计算机正式进入工业生产和大众消费领域，产业化阶段拉开帷幕，前后历经25年。

4. 高投入性

未来产业的发展不确定性高、周期长、环节多，所需资金投入量也大。前期的投资集中在技术开发和产品性能提高，且纯投入而无收入；中期投资集中在市场开发和小规模量产，投入增大，但有部分收入；后期转向大规模市场，设立新工厂、大量购置生产设备，投入大、收入高。

（二）未来产业的特点呈现阶段性差异

阶段不同，未来产业的发展特点呈现明显的差异性。工程化阶段，创新驱动特点更强，技术路径的不确定性强而市场不确定性弱；商业化阶段，价值技术和市场双向驱动的特点显现，投入更高、周期更长；产业化阶段，呈现资本驱动特征，需要大量的资本投入。

1. 工程化阶段

工程化阶段呈现技术迭代频繁、技术路径不确定性以及周期长、投入高的特点。

技术的高频迭代性。此阶段，技术是处在探索期的前沿技术，原型产品性能的改善和核心元器件成本的降低均伴随着前沿技术的突破性进展，而技术迭代需要“设计—制造—测试”循环往复，这个过程甚至会产生对新材料的研发、新工艺的改进甚至新设备的需求。其间，需要设计软件、精密仪器、先进的工具和设备等高技术产品的支持甚至研发。掌握着前沿技术的科学家以及拥有将前沿技术产品化的工程师等高技术人才的投入发挥了重要作用。

技术不确定主导。技术路径的不确定性成为该阶段主要的不确定性来源。理论可行、技术方向明确、应用前景明朗的技术存在多条技术路径，一旦一条路径走通，其他路径获得开发的可能性就大幅降低。比如，被中国、美国等主要科技大国均列入未来产业的量子科技领域的量子计算就存在超导、光量子、离子阱、半导体、拓扑等多条技术路径。实验室原型机需通过量子优越性这一关，即新生的量子计算原型机，在某个问题上的计算能力超过最强的传统计算机，证明其未来有多方超越的可能性。那些未能成功实现原型机转化以及转化后未能通过量子优越性的技术路径，会因为其他技术路线进入开发阶段而永久停留在半成品或原型机阶段。除了停留在半成品或原型机阶段的技术外，技术创新的研究阶段中还存在大量技术方向已明确、应用领域前景已明朗的技术无法进入工程化阶段。一种颇有说服力的观点，认为研究阶段和开发阶段的激励机制不同，是造成这种现象存在的主要原因。研究阶段，科学家以知识创造为目的，以研究成果为导向，对于技术的可行性研究投入不足；开发阶段已经开始以效益为导向，关注在技术上的可实现性、市场需求的存在性的理论知识，双方导向不同、目的各异形成了研究和开发之间的“魔川”[①]现象（吴寿仁，2011）。

周期长、投入大。产品的开发有两个目标：一是产品性能超越已有的产品；二是成本足够低，在能够量产的时候不会因为原材料成本而卡壳。一般而言，成本最高的部分是核心元器件，比如，电子计算机最初的核心元器件是电子管，随后向晶体管转变，最后发现以廉价硅材料为基础的集成电路才实现大规模生产。由此也引出了工程化阶段的第二个特点——开发成本高且应用场景有限。比如，1946 年第一台电子计算机造价 48 万美元，而当时美国 GDP 为 2275 亿美元；2021 年美国 GDP 已经是当年的 101.08 倍，等比例换算成 2021 年的数据造价金额则高达 4852 万美元，相当于人民币 3 亿元。这台造价高的电子计算机只有在相关部门不考虑预算成本的条件下才能产生，而且此后较长一段时间内，电子计算机的应用领域限于科学研究和国防安全。

2. 商业化阶段

此阶段受市场反馈的影响，技术迭代依旧频繁，技术不确定性叠加

① 从科学研究到技术开发所经历的障碍。

市场不确定性，资金投入更高。

技术迭代依旧频繁。由于产品性能达到可用级别，市场的反馈在技术提升过程中开始发挥作用，技术推动和需求拉动开始起作用。有限的应用场景逐渐积累使用经验，并向技术开发部分提出产品性能改进需求，技术开发部分根据反馈以及技术的积累和突破继续技术迭代，以提高产品性能和降低核心零部件成本。

技术不确定性和市场不确定性叠加。商业化阶段面临的不确定性与工程化阶段存在较大差异，具备了开发能力并不必然具备商业化能力。商业化阶段包含应用市场发现和消费市场培育的过程，即替代产品或者培育新的需求。在商业化阶段，技术路径的不确定性依旧存在，而市场风险接踵而至。在这个阶段，创新创业人才建立产品的商业模式，即组织各类生产要素进行生产、销售活动，控制料工费等成本、确定产品定价、打通销售渠道等。这一过程将使企业在较长一段时间中只有投入而无销售收入，而且未来尚不能保证盈利甚至回本，这个阶段即"死亡之谷"[①]。大量的产品因为资金链断裂而无法实现商业化。成功商业化之后，企业开始获得一定的销售收入，经营模式逐渐确立，风险逐步降低。

投入更高。商业化阶段，技术还在持续迭代，开发成本依旧较高，与此同时，开始寻找和培育应用场景，并不断拓展市场范围。领域的拓展大致遵循政府财政支持的公共领域、小众消费领域、大众消费领域和工业生产领域。该阶段已经有了部分收入，但还不足以覆盖巨额投入。

3. 产业化阶段

产业化阶段呈现技术迭代速度放缓、市场不确定性主导、投资规模

① 从产品化到商业化的过程。

巨大的特点。未来产业的商业化阶段验证了技术的市场可行性，在追求规模化利润的经济动机驱动下，未来产业的发展向产业化阶段过渡。

技术迭代方面，由于产品性能相对稳定，与之配套的材料、零部件、生产工艺以及生产设备等产业配套也基本成型，产品的技术水平维持在较高的水准之上，但进一步改进的空间不大。

不确定性方面，产业化阶段的主要特征是产品进入大规模生产阶段，对应着技术创新的“达尔文海”[①]和产业化阶段。经过商业化阶段的小规模生产，市场已经培育成功。为了进一步提高市场占有率，企业需要提高供给能力，而未来产业开始从知识密集型向资本密集型转变。该阶段，销售渠道、成本控制和产品定价规律已经掌握，基本经营模式已经建立，面临从营运能力管理向资金链管理、产品生命周期管理及战略伙伴管理的跃迁。由于规模化生产的投入资金远大于工程化阶段和商业化阶段，而失败的可能性又层出不穷，与“魔川”和“死亡之谷”相比，从商业化阶段跨越到产业化阶段，市场范围大、风险点多、持续的时间长且损失巨大，被称为“达尔文海”，即用海的规模和广度来度量损失之严重、失败之普遍。举例来讲，除了技术路线被取代的风险、关键人物或核心团队被挖走的风险，还有被恶意收购的风险、盲目扩张导致资金链断裂的风险等。产品规模化之后，融资渠道得以拓宽，抵御恶意收购的能力提升，核心人物的重要性逐渐下降，盈利能力显著增强，风险点减少，抵御风险的能力提高，风险的总体水平降低。

投入方面，建立在新产品未来发展空间巨大、发展前景好的基础上，企业为了提高市场占有率，获取新产品的规模化效益，不断开辟新市场，从而增加投资需求，投资规模呈几何级增长。

---

① 从基础研究到产品开发，再到规模生产，创新充满不确定性。

二、未来产业及其各阶段的发展条件

未来产业的创新驱动性、高不确定性、长周期及高投入性对地方发展未来产业提出了新要求。为了保障创新驱动下新技术供给，需要地方具备一定的前沿技术策源能力；高不确定性要求创新创业生态良好，对风险具有较高的包容性；而降低不确定性、缩短新产品上市周期，又要求地方具有一定的产业配套能力。未来产业具有的长周期及高投入性对地方的经济实力又有一定的要求。另外，未来产业不同阶段的特点决定了其发展条件的阶段异质性。工程化阶段对前沿技术策源能力提出很高的要求，商业化阶段需要良好的创新创业生态以降低创新的风险、提高创业的成功概率，产业化阶段对区域的资本配套能力和产业配套能力有一定的要求。

（一）发展未来产业的总体条件和要素

1. 前沿技术策源能力强

原型产品性能尚待提高，核心元器件或零部件的成本偏高，技术策源能力强才能支撑前沿技术迭代、产品性能提高和核心零部件成本降低，推动未来产业工程化、商业化和产业化。大学及科研院所等科教资源丰富的机构或者有能力、有意愿建设实验室来支持科学家和工程师的大公司，具有技术研发的设备、仪器和人才等关键核心要素，技术策源能力强，可以有效支撑技术迭代、产品性能提高和核心元器件或零部件成本的降低，推动未来产业不断演化发展。

2. 创新创业生态良好

创新创业生态是一个相对概念。不同的历史时期，创新创业生态的内容和形式具有较大差异。当前阶段，知识产权保护合理和产权交易活跃，孵化器、加速器以及风险资本丰富的区域，产品商业化成本更低，成功概率更高，因此创新创业生态就更好。另外，不同于一般的技术创新，未来产业的应用前景广泛，但开发成本和制造成本过高，应用范围限定于事关国家安全的能源、交通、航天等领域，或者城市建设等领域，因此有能力有意愿发展和布局未来产业应用场景的城市更具有发展未来产业的优势。例如，智慧城市建设在推动人工智能发展的过程中发挥着巨大的推动作用。

3. 资金配套能力强

未来产业具有投资周期长和投入高的特点。自有资金的规模限制及信贷资金的期限限制与未来产业高不确定性和高投入性无法匹配，而具有期限灵活、追求高风险高回报的风险投资与未来产业发展的特点相吻合。资本市场及风险投资市场能扩大未来产业的发展范围和规模，提升其成功可能性。风险投资市场规模越大，未来产业发展的范围越广、规模越大。在未来产业成功概率一定的条件下，未来产业孵化孕育成功的可能性就越大。风险投资市场能为未来产业筹集资金和分散风险提供必要的支撑，是未来产业发展的必要条件。

4. 经济实力强，发展潜力大

经济实力雄厚、发展潜力高的地方或城市可在两方面为未来产业的发展提供支持：一是公共资金的可得性，地方政府除了基础设施投资、保障民生以及发展经济的资金外，还有余力支持前瞻性、突破性技术的研发；二是地方政府有能力为具有颠覆性产品提供应用场景。

（二）未来产业发展条件的阶段性差异

未来产业的工程化阶段具有技术驱动的特征，因此，地方需要具备前沿技术策源能力；商业化阶段则偏重于良好的创新创业生态和相当规模的需求市场；产业化阶段对产业配套能力提出了较高的要求。

1. 工程化阶段要求地方具备一定的前沿技术策源能力

工程化阶段，伴随技术的迭代升级和产品性能的不断改进，要求地方具有相当数量的科学家、工程师以及支持科学家和工程师开展研究与开发工作的实验室和技术研发平台等满足工程开发的基础设施以及配套措施。随着数字技术的不断演进，产品开发变得越来越复杂，而所要求的基础设施也越来越复杂，工业软件、精密仪器、开发工具等基础设施以及检验检测等配套措施成了工程化阶段不可或缺的物质基础。

我国未来产业产品开发所需的人力和物质基础的提供主体主要有两类：一是科教资源丰富的直辖市、省会城市等大城市，它们得益于新中国成立以来国家的科教资源布局；二是大企业，它们得益于改革开放40多年来的市场化探索，很多企业在市场化进程中积累了大量资本并重视研发投入，建立企业级的实验室，配备了大批科学家和工程师。

前沿技术的策源能力除了需要人力和物力的保障外，还需要开放的技术交流环境和国内外技术交流与展示平台等。

2. 商业化阶段需要良好的创新创业生态和相当规模的需求市场

商业化阶段，技术驱动力逐渐减弱而市场驱动逐渐发力。未来产业产品具有颠覆性和突破性，能在取代旧产品的功能的同时增加新的体验。敢于尝试新产品、提供应用场景的需求群体成为该阶段重要的发展条件之一。在供给侧，良好的创新创业生态是商业化阶段的必要条件。良好的创新创业生态能积聚创新创业人才，为产品推向市场提供人才基础；具有发育良好的知识产权交易市场和商业化所需的资本形式，如风险投资等，以及沟通技术和市场的平台，如技术中心、孵化器等。

商业化阶段面临技术创新中所称的“死亡之谷”。资金的可靠度和持续度是成功跨越“死亡之谷”的关键因素。吴寿仁（2011）就认为，“死亡之谷”主要反映的是资金投入不足问题。股权融资中的风险资本投资具有高灵活性，在金额、期限及回报率设置上与未来产业发展匹配度高，因此风险资本的丰富度成为影响商业化跨越“死亡之谷”的关键要素。

3. 产业化阶段需要良好的产业配套能力来支撑

在产业化阶段，企业的经营模式从依赖产品性能高、单个产品利润高的小规模生产向市场占有率高、综合经营成本低的大规模生产转变；企业的区域选择从靠近市场端向产业配套能力强的供给端转变；企业的投资方向也从知识密集型向资本密集型调整。尽管资金在产业化阶段起关键作用，但由于资金的流动性强，资本市场辐射面广，因此产业化阶段区域选择着重在产业配套能力强、交通条件好等流动性弱的条件与要素上。另外，产业化阶段需要大量资金来建设新厂房、购买新设备、雇用新员工，以实现产品的规模化生产，因此发达的资本市场和信贷市场有助于企业提前布局，获得规模化生产效益，并成功将未来产业推进为战略性新兴产业。

前沿技术策源能力、创新创业生态、产业配套能力、多元而丰富的资本市场以及经济实力雄厚、发展潜力高等未来产业发展所需要的条件不能一蹴而就，所以发展未来产业应该优先在具备以上全部或部分条件的地方中选址。

三、未来产业的区域布局选择

不同城市的经济发展状况不同，所具备的发展未来产业的条件相异，在未来产业布局中将发挥不同的功能和作用。近年来，我国很多城市已经提出自己的未来产业发展规划。在“十四五”规划纳入“未来产业”之后，地方政府更是掀起一波未来产业规划布局的热潮。但是由于未来产业本身的特性以及基于其特性对区域提出的条件要求，区域布局需要结合自身实际来选择是否布局未来产业以及如何布局未来产业。

（一）发展条件的区域特征

未来产业不同环节的不同特点以及不同条件决定了其具有区域可分性，这为区域根据自身条件参与发展未来产业奠定了基础。

1. 条件和要素的区域分布不均

首先，前沿技术策源能力具有区域差异性。前沿技术策源能力主要体现在科学家和工程师以及配套的实验室密集度，密集度越高的地区前沿技术策源能力越强。我国的科学家和工程师大部分集中在科教资源丰富的高校、科研院所和大企业的研究室。科学家和工程师的区域分布受历史环境和国家科教资源区域布局影响。以中国科学院为例，中科院在全国 12 个城市建立分院，20 世纪 50 年代初步布局上海分院和沈阳分院，50 年代后期分别在武汉、兰州、昆明、西安、广州和成都等地建立分院；改革开放初期又布局了长春分院和南京分院，2005 年增加了北京分院。很多城市并不具备培养顶级科学家和工程师的能力，但是由于经济活力强，创新创业生态完善，当地政府和大企业引进了国内外顶级科学家和工程师，比如深圳市，成为人才资源丰富的城市之一。从总体上看，科教资源区域分布有以下三个特点。一是城市是科教资源的载体。二是按中心城市、省会城市和一般地级市次第分布，以北京、上海为代表的中心城市拥有全国最丰富的科教资源，各省省会城市的科教资源也较为丰富。三是呈现向经济实力强的城市集聚的趋势。部分经济实力强的城市，依赖自身影响力不断积累科教资源，拥有一定的科教资源优势，如深圳市和青岛市等。

其次，良好的创新创业生态环境也是区域差异性的体现。好的创新创业生态，一方面是创新创业要素丰富，创新平台发育良好，体现在知识产权保护和交易制度的相对完善，专利的发明和流通渠道顺畅，发明创造的权益可以得到有效保障，产学研合作交流平台功能完善，技术与需求沟通渠道畅通，风险投资基金相对丰富，孵化器、加速器平台功能完善；另一方面是拥有营造应用场景能力的大城市以及拥有收入高、乐于尝试新鲜事物的消费群体的消费率高的城市。改革开放以来，中国经济飞速发展，创新创业生态好的城市越来越多，除特大型城市和沿海城市外，众多中部和西部省会城市的创新创业生态同样不错，比如“风投之城”合肥等。

2. 条件和要素的区域辐射性和流动性

必要条件和核心要素具有区域辐射性和流动性。科教资源、创新生态和产业配套能力等必要条件，以及科学家、工程师、风险资本等核心要素，具有不同程度的区域辐射性和流动性，这为区域合作奠定了基础。科教资源的研究成果借助成果发布和成果交流平台，具有极强的流动性；其中的实验装备不具备流动性，但具有一定的区域辐射性；科学家和工程师通过合作研究可以实现跨区域流动。创新创业生态中的风险资本流动性极强。城市在发展未来产业的过程中可充分利用全国乃至全球的风险资本。

这里的流动性和辐射性是相对概念。就流动性而言，不可移动的物质性资源的流动性较弱，比如重大科技基础设施、城市应用场景、产业配套能力以及提供创业空间的孵化器等；有物质载体但提供数字化资源的平台性资源的流动性居中；资本和人才等要素资源的流动性最强。就辐射性而言，区域独占性强，辐射力就弱，比如风险资本，投入后需要有较长时间的封闭期，孵化器和加速器也是如此；而生活、生产场景、科教资源及技术型人才的区域独占性相对较弱，比如科教资源中的研究成果，辐射范围仅受影响范围所限；生活和生产场景则随着小红书、哔哩哔哩等生产生活分享平台的出现而不再限于空间范围。辐射力最强的重大科技基础设施、各类产学研用交流平台以及科学家、工程师等，其影响力和资源具有非竞争性，所以辐射范围非常广。

（二）未来产业的区域布局特征

依据未来产业的阶段差异性及未来产业发展要素的区域异质性，本部分将未来产业的区域布局分成三大类：全环节发展型、部分环节优先发展型和配套参与型。其中，部分环节优先发展型分为工程化环节优先发展型、商业化环节优先发展型和产业化环节优先发展型。

1. 全环节发展型

全环节发展型要求城市具备未来产业发展的所有条件，即经济发展水平高、前沿技术策源能力强、创新创业生态环境好、风险投资活动多且规模大。选择这一类型的城市，首先要具有前沿技术策源能力，这要求地区在类脑智能、量子信息、基因技术、未来网络、深海空天开发、氢能与储能等主要前沿技术中的某一领域或者某几个领域具有一定的人才积累和科技基础设施布局；其次，区域的商业化配套措施，比如孵化器、加速器、风险投资等支撑创新创业生态的基础设施可得性高；再次，经济发展水平相对较高，拥有愿意尝试新产品的消费群体，城市有财力营造应用场景，助力未来产业的商业化和产业化。我国的省会城市往往是该省科教资源最丰富的区域，在前沿技术领域有一定的人才储备和基础设施布局，比如合肥，量子科技领域拥有全球最前沿的科研人才和科学装置，“量子一条街”集聚了大量量子科技企业，政府拥有的产业发展基金积累了众多风险投资的成功经验，孵化器、加速器丰富且有活力，拥有发展量子科技产业的全环节条件。

2. 部分环节优先发展型

除了全环节发展型，很多城市具有发展某些环节的独特优势。重点发展某些环节有利于形成本城市的特色竞争优势。

工程化环节优先发展型。工程化环节对城市的软环境要求高。一方面，工程化环节的成果具有很强的准公共物品特性，使用上具有一定的非竞争性，多一个人使用的边际成本为零；但不具有经济效率，除非依赖完善的知识产权保护和交易体系保障工程化投入的收益性，才有发展壮大的可能性。另一方面，工程化环节严重依赖科学家和工程师。科教资源丰富是科学家诞生及成长的平台和环境。北京、上海等城市布局了中国尖端的科教资源，汇集了全国很多企业的研发中心和总部，人才、实验室等研发要素齐全，检测检验等研发配套服务发达，知识产权保护力度较大，知识产权交易市场活跃，有利于前沿技术的交流，适合未来产业的工程化阶段发展。

商业化环节优先发展型。商业化阶段要求有良好的创新创业生态环境。创新氛围、创新基础设施良好，一是需要大量敢于冒险、喜欢发明创造的创客群体；二是风险投资非常丰富，能够有力支撑商业化阶段的资金需求；三是周边城市的产业配套能力强，有利于商业化向产业化环节过渡。深圳、重庆等创新资源丰富、产业配套能力强，但科教资源尤其是前沿科教资源相对匮乏，布局未来产业的商业化阶段具有先天优势。

产业化环节优先发展型。工程化阶段所需要的工程师、科学家和商业化阶段所需要的创新创业人才是稀缺资源，当缺乏这些资源的时候，经济发展水平不低、交通环境良好、有一定的产业基础的地方，适合布局未来产业的产业化环节，一方面可以避免承担过大的风险，另一方面又不会错失未来产业的发展时机。东北老工业基地、三线建设布局的工业基地等，都具备产业配套能力，有潜力发展未来产业的产业化阶段。

3. 配套参与型

未来产业作为未来的主导产业，决定了城市未来的经济规模，必然要求未来产业涵盖范围具有广泛性；生产方式的模块化、长链条化也为未来产业的区域广泛性奠定了基础。在那些无前沿技术策源能力、创新创业生态环境不好、产业配套能力有限的地区，可以通过嵌入未来产业的原材料供应、物流配送、通用零部件加工环节中，融入未来产业的发展浪潮。大多数四五线城市人均 GDP 排名不高，经济实力不够，科教资源匮乏，创新创业生态环境一般，虽然具有一定的产业基础，但相对于二三线城市而言，产业配套能力相对较弱，城市可以选择配套参与，从而进入未来产业的布局系统中。

四、地区和城市选择未来产业的原则与方向

依据未来产业的特点和所需要的发展条件，结合我国城市的发展现状，地区和城市选择未来产业进行布局需要考虑以下因素。

（一）地区和城市发展未来产业的原则

第一，深刻把握未来产业特点，合理配置产业发展资源。慎重对待未来产业的发展风险，依据自身财力，合理评估承受风险的能力，在保障基本民生、内部运营以及保持本地支柱产业可持续发展的前提下谋划布局未来产业的发展；合理把握未来产业的高技术性，及时了解相关领域的技术动态、技术人才分布以及合理评估自身在前沿技术策源能力上存在的优劣势，制订合理的人才聚集和人才培养计划，蓄力强化与提升自身前沿技术策源能力；合理把握未来产业发展周期长、发展环节多的机遇，结合自身实力，分环节分重点地发展未来产业。

第二，围绕企业作为未来产业发展主体，强化环境、政策等方面的支持力度。谋划布局城市建设中的未来产业应用场景，促进原型产品商业化，形成使用反馈长效机制，促进产品优化升级；灵活制定人才培养和人才吸引政策，从住房、教育、落户乃至税收等多方面实施支持人才

培养和人才吸引政策；加强科技基础设施布局，一是吸引国家级科技基础设施的落地，二是积极布局省部级科技基础设施，三是加强与全国其他强科技基础设施布局城市的联系；积极改善创新创业生态环境，强化孵化器、加速器等创新创业基础设施的建设和利用，积极搭建产学研用平台，加强本地外地、国内国外各类人才的交流沟通。

第三，取舍有度，灵活调整未来产业的发展策略。结合建设创新中国的大背景，不同城市可适当调整产业发展布局，制定灵活的发展策略。前沿技术策源能力强的城市，适当强化未来产业的工程化阶段和商业化阶段，形成具有特色的创新创业城市；经济实力强而科教资源相对匮乏的城市，可增加布局科教资源的资金，强化本地前沿技术策源能力。

（二）地区和城市发展未来产业的方向

未来产业的发展关乎国家产业未来的竞争力，是需要特别重视的课题，但在人力、物力和财力有限的条件下，盲目发展未来产业将导致重复建设和资源浪费，因此未来产业的区域布局需要放在全国层面统筹考虑。北京、上海等具有国际影响力的超一线城市，凭借全国最丰富的科教资源和全国乃至全球众多的研发中心与区域总部，知识密集型产业发展经验丰富，应积极布局未来产业的工程化阶段；深圳等创新创业生态良好的超一线城市可以大力布局未来产业的商业化阶段；成都、西安等区域中心和省会城市凭借丰富的科教资源与技术策源能力，以及相对良好的创新创业生态和产业配套能力，可以聚焦未来产业某个领域，积极布局未来产业的全环节。二三线城市可凭借某些产业领域的产业配套能力，积极参与未来产业的产业化阶段。产业配套能力相对较弱的四五线城市也可以通过为产业化提供工具、零部件等，积极参与到未来产业的发展中。

第八章

未来产业发展的支持性政策及其取向选择

近年来，在新一轮技术革命和产业变革推动下，以人工智能、无人驾驶、区块链、脑科学、新能源等为代表的未来产业蓬勃兴起。与传统产业相比，未来产业发展前景广阔、前后带动作用强、产业赋能能力强，但同时也存在较大的技术不确定性与“市场失灵”等问题，这就决定了政策参与的必要性（李晓华和王怡帆，2021）。然而，传统的财政政策与货币政策由于普惠性较强，难以就特定产业给予针对性的支持。因此，为了扶持未来产业发展，各国政府部门在充分发挥货币政策和财政政策工具优点的基础上，进一步推出了创新政策与产业政策。本章将根据未来产业在不同阶段的发展特点，对创新政策和产业政策在各阶段的作用机制与推动路径进行剖析，判断今后未来产业的政策演进方向，为我国未来产业发展的政策选择与政策取向提供参考。

一、未来产业发展的主要支持性政策

未来产业所涉及的技术都处于探索期的前沿领域，代表着科技和产业的长期发展方向，前期大量基础研究和实验投入必不可少。同时，未来产业的发展目标是满足经济社会不断升级的需求，并成为国民经济的新增长点，因此逐步走向产业化，成长为下一个新兴产业是其后期的主要任务。未来产业的这种自身特点及其发展规律，决定了其存在不同发展阶段，且需要与之相对应的辅助政策体系。

（一）未来产业的发展阶段

未来产业由基础研究的突破形成，经历工程化、商业化进入大规模生产的产业化阶段。其中，从基础研究到工程化、从工程化到商业化、从商业化到产业化需要经历死亡之谷、达尔文海等惊险的跨越。基础研究是未来产业技术诞生的源头，通过基础理论研究或实验性研究的创新发明，给未来产业技术奠定学理上的可行性。在实验室试验的基础上，工程化就未来产业技术进行大规模量产前的较小规模试验。其中，小试将对实验室结果进行放大，用以测试产品生产的控制条件、所需物料及成本开销，而中试则在小试结果的基础上继续将产能放大。当小试、中试均取得满意的成绩后，未来产业将进入商业化阶段，进而实现大规模量产。对于不同阶段，其所需的政策措施也不尽相同（见表 8–1）。从基础研发到工程化阶段和从工程化到商业化阶段，未来产业需要创新政策的支持，而到了从商业化到产业化阶段，产业政策则将发挥主导作用。在未来产业的基础研究与工程化阶段，研发动力不足是最大障碍。即便创造出了一些科研成果，但具备技术转化能力和产业价值的成果数量并不多，大部分均淹没于“死亡之谷”。因此，如何提高未来产业基础研究的创新动力，帮助研发主体走出“死亡之谷”，便成了创新政策的主要定位和作用方向。当未来产业发展步入商业化阶段后，如何推动产品加快商业化转型，逐步从初步投入生产推进至大规模量产，创造出新的细分市场，跨越存在于技术供给与商业需求之间的“达尔文海”，提高企业在激烈市场竞争中的存活率，便成为下一个重要问题。在此阶段，产业政策将成为推动未来产业发展的关键着力点。

表 8-1　　未来产业发展阶段及其对应的政策体系

发展阶段	主要任务	所需政策	政策目的
从基础研究到工程化	发明创新技术，论证技术在学理上的可行性	创新政策	推动基础科学研究
从工程化到商业化	进行小规模试验，测试产品生产的控制条件、所需物料及成本开销	创新政策	提高科技成果转化率
从商业化到产业化	实现大规模量产	产业政策	帮助产业技术成功实现商业化

资料来源：作者整理。

（二）创新政策的内涵与种类

从内涵上看，创新政策是指引导、激励和规范科技创新活动的政府措施和行为。在 20 世纪 90 年代以前，国内外学术界对创新政策的研究并不多，但自 90 年代中期开始，在经济全球化和信息技术革命的推动下，美国“新经济”蓬勃发展，各界对创新政策的重视程度开始加大，创新政策成了各国推动新兴产业特别是未来产业发展的重要抓手。

在具体推进过程中，根据不同目标和范围，创新政策可以分为任务导向型、发明导向型和系统导向型三大类。一是任务导向型（mission-oriented）创新政策。任务导向型创新政策旨在明确未来产业创新面临的各种困难和挑战，为其提供解决方案（Mohnen 等，2017）。在政策设计与执行过程中，政府部门需要考虑产业创新各阶段、各类创新要素和创新方式的具体特征，出台针对性措施。特别是对于未来产业而言，鉴于其存在较强的前瞻性与不确定性，政府部门还需从防范技术风险的角度，提前准备好相应预案。例如，在 20 世纪 90 年代初期的互联网革命过程中，美国政府预判到了互联网技术有被用于不法行为的趋势，有针对性地完善了相关政策法规，以保障互联网技术得到合理应用。二是发明导向型（invention-oriented）创新政策。相比任务导向型创新政策，发明导向型创新政策聚焦范围较窄，主要集中在基础研究阶段，尚未进入小试、中试领域（Mazzucato，2013）。对于未来产业而言，这种政策通常是为了加强未来技术发明所需的基础科学研究，助推更多创新技术诞生。三是系统导向型（system-oriented）创新政策。系统导向型创新政策是近年来为推动未来产业发展的新兴政策领域，主要着眼于打造良好的创新生态体系，强化体系内不同主体之间的研发合作，改进现有创新环境的不足之处，以此吸引更多主体积极参与创新（Braun，2008）。系统导向型创新政策的出现与20世纪90年代后国家创新体系（national innovation system，NIS）的建设息息相关，目前已在欧美发达国家和地区得到广泛应用。

（三）产业政策的内涵与种类

与创新政策相比，产业政策诞生较早，自第二次世界大战后便开始逐步得到使用。从内涵上看，产业政策是指一国根据国民经济发展规律或国家战略目标，针对特定产业经济活动而制定和实施的经济政策。20世纪以来，随着各国产业结构的不断升级、产业种类的不断增多，产业政策的定位与功能也在逐步发生变化。根据不同的产业发展方向，产业政策可以分为扶持传统产业、扶持新兴产业和扶持未来产业的政策措施。早期，产业政策的主要功能在于解决自由放任主义所带来的“市场失灵”问题，在第二次世界大战后各国的工业化进程中发挥作用，帮助各国加快恢复生产能力（Rodrik，2004）。进入20世纪70年代后，随着日本和美国对半导体等关键行业的争夺愈演愈烈，产业政策在扶持战略性新兴产业发展中的效果开始被各国所重视，被视为政府扩大某些战略性新兴产业产能的重要手段（Primi，2009）。进入21世纪后，随着新一代技术革命和产业变革的出现，如何推动未来产业成长成了产业政策新的职责所在。对于未来产业而言，产业政策主要针对的是产业化阶段，旨在解决技术的生产制造问题，推进产业技术商业化，刺激市场需求启动。这与定位于改进实验室研发、工程化阶段问题的创新政策存在一定差异，主要政策目标也不尽相同（见表8–2）。

表 8-2　　产业政策与创新政策支持的产业种类及其目标

政策类型	扶持产业	主要目标
产业政策	传统产业	解决“市场失灵”问题，推进工业化，保护本国弱小产业，扶持国有企业，提高生产效率
	新兴产业	扩大新兴产业市场规模，推进新兴产业集群，提高产业技术水平，提高本国新兴产业竞争力
	未来产业	主要针对产业化阶段，解决技术的生产制造问题，推进产业技术商业化，刺激相关市场需求启动
创新政策	未来产业	主要针对实验室研发、小试和中试阶段，支持基础研究，加快科技成果转化，打造创新环境

资料来源：作者整理。

二、支持性政策推动未来产业发展的作用机制

未来产业之所以同时需要创新政策和产业政策的参与，是因为其在不同发展阶段存在不同问题，需要发挥创新政策和产业政策的不同功能。在基础研究和工程化阶段，未来产业面临的最大困难在于研发动力不足，这突出表现在基础科学研究“市场失灵”、创新活力不足、科技成果转化率较低等方面。在商业化阶段，未来产业往往面临产业“幼小化”、产能不足、消费需求不足等问题。通过解决这些痛点和难点，创新政策和产业政策可分别形成对前期和后期未来产业发展的作用机制。

（一）创新政策推动未来产业发展的作用机制

1. 解决基础科学研究中的“市场失灵”问题

在未来产业技术的研发过程中，其背后所需的基础科学研究实质上属于一种公共产品，可被任何市场参与者免费使用，这在较大程度上减少了新技术研发收益，也降低了市场主体参与知识创造的积极性。因此，即便这些基础科学研究给全社会创造的福利回报很高，但由于私人部门投资回报较少，导致知识创造领域的市场投资不足，难以满足社会所需，即存在所谓的“市场失灵”现象。此时，需要相应的创新政策加以干预，以推动基础研究投入接近全社会最优福利水平。在具体实现过程中，创新政策解决“市场失灵”的主要机制包括以下三种。一是加大财政资金对基础研究的支持。对于新技术而言，其基础研究背后蕴含的商业机会还处在较远的未来，不确定性风险较大，因此私人部门缺乏投资动力属于正常现象。此时政府部门就需要通过发挥财政资金功能，对大学或科研院所的创新性基础研究提供资金保障。二是对企业研发投入进行相应补贴。补贴企业研发投入相当于政府部门同企业共同承担研发的不确定性风险，在一定程度上改善投资回报，提高企业承担更多基础研究工作的积极性。三是加强知识产权保护。知识创造类投资存在的一大问题在于研究成果容易遭到非法剽窃或利用，因此加强知识产权的保护力度，保障投资者的投资回报，也应成为创新政策落实的重点。

2. 激发支撑未来产业发展的创新活力

创新是推动未来产业发展的最重要因素，如何保持创新动能便成为关键问题。已有大量研究发现，创新本质上是资源和人才交流互动的结果，企业如何与其他市场主体开展研发合作至关重要（Dodgson，2017）。在此过程中，良好的创新环境对于促进企业之间开展研发合作具有重要作用，政策制定者应当予以高度重视（Edquist，2011）。因此，营造未来产业的创新氛围，打造创新生态体系，便成了创新政策推动未来产业发展的重要机制之一。在实现过程中，建设国家创新体系是一个重要手段。国家创新体系不仅可完善创新主体之间的互动机制，还负责为企业开展创新活动提供必要资源。一般而言，成功的创新活动需要知识、技术、资金、市场需求等多种要素。这些要素之间有着较强的互补效应，若其中某一项存在缺陷，“创新体系失灵”现象就可能会发生（Edler，2007）。而这在很大程度上仅凭企业个体难以解决，需要国家层面的支持。国家创新体系涵盖了为基础研究提供资金、保护创新知识产权、及时识别并纠正创新体系存在问题等多项任务。通过不同政府部门之间的有效合作，有效应对知识创造、技术升级、金融创新等日新月异的变化趋势，保障创新环境建设与时俱进。

3. 提高未来产业的科技成果转化率

未来产业创新的多样性和不确定性直接导致了技术路径选择较为困难，高校、科研机构等研发主体难以预判未来市场所需，科技成果转化率较低。尤其是在生物技术、信息技术和新材料等高技术领域，如何更好地将企业部门的产业需求传递给研发部门，打破高校、科研机构与企业融通的阻碍，解决在合作研发过程中企业和高校之间常常面临的利益冲突，是创新政策推动未来产业发展的重要着力点。然而，由企业引导技术研发方向也存在一定风险。一些研究表明，尽管选择主导技术方向可以提高创新效率，但会产生技术路径依赖，一旦选择方向错误，后期社会调整成本较大（Arthur，1994）。例如，长期以来汽车制造厂商均选择了燃油车的技术发展路径，但随着全球气候变化问题逐步为各界所重视，传统燃油车的碳减排压力不断加大，新能源汽车成了未来产业发展方向，此时对于燃油车研发机构和制造厂商而言，转型新能源汽车生产将面临巨大的技术调整成本。对此，创新政策可从两方面发挥作用：一方面，鼓励高校和企业合作建设研发平台，有效地通过企业引导公共研究机构的科技成果转化方向，完善企业对高校知识产权的补偿机制，保障研究主体的合作动力；另一方面，通过技术转型补贴，降低企业、高校和科研机构的技术调整成本，缓解技术路径选择错误这一后顾之忧，促使企业加大与高校、科研结构的合作力度。

（二）产业政策推动未来产业发展的作用机制

1. 解决未来产业的“幼小化”问题

未来产业一般发展时间较短，市场需求空间尚未打开，造就了其实质上属于一种“幼小产业”（infant industry）。对此，产业政策可解决这种“幼小产业”发展的两大困难：一是不完善的资本市场，二是外部效应的补偿问题。首先，未来产业面临的资本市场与传统产业相比存在较大差异，其融资难度更大、融资手段更少。特别是对于发展中国家而言，这种问题更为严重（Livesey，2012）。发展中国家的“资本市场失灵”现象在股权融资方面较为普遍，市场化的风险投资所关注和偏好的资产类型有限，往往难以对未来产业公司股权进行合理定价，导致未来产业的相关资产缺乏市场吸引力。其次，未来产业在产业化过程中通常能给社会发展带来一些外部效应，但这些往往难以得到市场补偿。例如，未来产业中的先行企业会不断探索建设相关生产线，并为打开市场认知投入大量资源，这会给其他潜在进入企业提供宝贵的市场信息。即便先行企业经营失败，也能让后人得以认知哪些市场策略不会成功。这些信息和经验存在显著的学习与模仿效应，但不能给予先行企业相应回报，导致敢于先行尝试的企业数量较少，而更多企业则甘愿观望等待。对于这种具备技术前瞻性的“幼小产业”，产业政策通过资金支持、风险补贴等手段加以扶持，可以此帮助先行企业构筑产业基础设施，提高生产能力。

2. 解决未来产业的产能不足问题

未来产业由于供给方较少，通常存在产能不足的问题。产业政策可以选定特定地理区域，通过产业园等管理主体，促进未来产业相关企业集聚发展，以此实现生产的规模经济效应，尽快推动未来产业产能扩大。借助产业集聚这一手段，未来产业的上下游供应商可以云集在生产商周围，增加对劳动力的吸引力，提高中间产品供应的便利性，加强企业之间的知识和技术沟通，打造良性的技术外溢效应。通过产业政策干预，率先实现未来产业集聚化发展的国家或地区就有望在全球竞争中获得先发优势，占据全球潜在技术竞争的制高点，这对涉及国民经济命脉的高新技术产业而言尤为重要。

3. 刺激潜在的消费需求启动

未来产业的产品设计、产品理念及其所展现的技术功能往往较为前沿，一些消费者难以充分理解，这就造成在产品销售初期容易出现“曲高和寡”现象。对此，产业政策可以通过加大政府采购、直接补贴消费购买等手段，刺激潜在的消费需求启动。早期新能源汽车市场的启动即是一个典型案例。一些国家对消费者用传统汽车置换新能源汽车的行为进行大额补贴，以此刺激新能源汽车的购买需求。尤其是在经济危机阶段，对未来产业施加大规模的需求侧刺激，不仅可以推动国民经济恢复增长动能，还可以帮助国家加快发展未来产业，寻找下一个经济增长点，实现创新驱动的长期经济增长路径（Mazzucato 和 Semieniuk，2017）。在国际金融危机期间，美国政府推出的《美国复苏与再投资法案》（*American Recovery and Reinvestment Act*）就明确规定加大对创新技术和未来产业产品的消费补贴力度，以此作为国内消费需求的新增长点。事实上，国际金融危机后以虚拟现实（VR）、3D 打印、精准医疗等为代表的新一轮技术革命和产业变革的蓬勃兴起，与发达国家政府在消费端的广泛刺激影响是分不开的。

三、支持性政策推动未来产业发展的主要路径

受不同的作用机制影响，创新政策和产业政策推动未来产业发展的主要路径也存在一定差异。在政策落地过程中，各国政府均使用了大量政策工具和手段，以求充分实现政策目标，在未来产业的全球竞争中占得先机。

（一）创新政策推动未来产业发展的主要路径

1. 发挥多种政策工具功能

创新政策所使用的政策工具包括供给侧改进工具和需求侧改进工具两大类。其中，提供研发补贴、开展技术培训、培育企业家精神、发展科技服务业、鼓励研发合作等手段侧重于供给侧改进，鼓励民间创新投

入、商业化前的政府采购等手段侧重于需求侧改进，而设立创新奖项、推进技术标准化、保护知识产权、开展技术预测等既有利于供给侧也有利于需求侧（见表 8–3）。在这些政策工具中，供给侧工具主要功能在于提高研发投入、提高技术水平与管理水平，需求侧工具主要功能在于提高研发投入与扩大创新需求，而同时具备供给侧和需求侧的政策工具主要功能在于增强创新要素之间的互补性，并扩大创新需求。通过发挥这些不同政策工具的功能，创新政策可以从各个角度解决未来产业的创新动力和科技成果转化障碍。

表 8-3　　创新政策推动未来产业发展的主要政策工具

具体政策工具	主要侧重面		主要功能				
	供给侧	需求侧	提高研发投入	提高技术水平	提高管理水平	增强创新要素之间的互补性	扩大创新需求
提供研发补贴	√		√	√			
开展技术培训	√			√			
培育企业家精神	√				√		
发展科技服务业	√			√	√		
鼓励研发合作	√		√	√	√	√	
鼓励民间创新投入		√	√				√
商业化前的政府采购		√	√				√
设立创新奖项	√	√	√			√	√
推进技术标准化	√	√				√	
保护知识产权	√	√				√	√
开展技术预测	√	√			√		√

资料来源：作者整理。

2. 保障创新者的数据要素供应

对未来产业而言，数据已成为最重要的生产要素之一。鉴于数据具有较强的公共产品属性，数据供应容易出现“市场失灵”现象，这就需要创新政策加以干预。首先，保障基础研究数据的获取机会。政府部门可利用财政资金建设基础研究数据共享平台，对所有参与主体开放。通过扩大同类数据的使用对象范围，可推动技术研究者之间开展竞争，提高数据使用效率，放大数据这一公共物品的外部效应，从而让全社会收获更多创新收益。其次，保障重要私人数据的隐私。对于涉及企业核心商业利益的数据，如制造业厂商的生产数据或产品使用数据，有关部门应当视为商业秘密进行保护，禁止通过开源数据库提供给其竞争对手，以免对企业创新造成负面影响。同时，尤其需要重视中小企业的数据利益，严格限制大型企业通过大数据或云计算平台窃取中小企业隐私数据。最后，为数据的市场化交易创造条件。创新知识类市场发展的关键在于知识产权保护，这已成为学界研究的共识（Kemp，2017）。推动数据交易不仅能便于不同主体间的数据要素互补，提高创新效率，还可以对有价值的知识数据进行市场定价，从而带动更多的知识创造。在通过创新政策建立数据交易平台时，应明确数据交易规则，不仅要涵盖原始数据，也应对经过标准化或规范化处理的数据进行相应规定。

3. 提高公共部门的研发效率

相比私人部门，公共部门研发由于大多属于非市场化行为，效率难以得到保障，创新政策可对此问题设计针对性措施。首先，推动跨学科间交流。对于一些传统学科，可加强其与计算机科学之间的互动，借助最新数字技术提高研发效率。当前，斯坦福大学、麻省理工学院等欧美顶尖高校已相继设立了生物计算科学、经济和大数据科学等前沿交叉学科，推动传统学科与时俱进。其次，提供必要的培训服务，帮助科研人员掌握最新数字技术工具。对于那些难以学习数据挖掘、数据模拟或深度学习等数字技术工具的科研人员，可将其安排至具备这些技能的研究小组里，让科研人员之间产生互补效应。最后，提供必要的数字基础设施，解决科研硬件的资金障碍。在执行过程中，创新政策可加大对共享数据平台、人工智能超算平台等新型基础设施建设的资金支持。例如，日本政府就推出了高性能计算基础设施（High Performance Computing Infrastructure，HPCI）计划，每年将投入1.2亿美元资金，为大学和科研院所建设高性能计算机平台，解决其研发所需。

（二）产业政策推动未来产业发展的主要路径

1. 使用多种政策工具实现目标

产业政策对未来产业的支持工具种类较多，不仅包括直接支持，也包括间接支持，不仅包括宏观层面的营商环境改善，也包括微观层面的企业或产业定向补贴。根据产业政策的主要目标，可将产业政策工具分为支持选定产业成长、推进产业市场化、减少信息不对称、提高产业生产率四大类（见表8–4）。其中，支持选定产业成长的政策工具主要包括退税、补贴、政府采购等；推进产业市场化的政策工具主要包括规范竞争和引导市场投融资等；减少信息不对称的政策工具主要包括树立产品标准和建设行业平台等；提高产业生产率的政策工具主要包括加强基础设施建设、引导社会资本或外国资本进入等。

表8-4　产业政策推动未来产业发展的主要政策工具

政策目标	政策工具
支持选定产业成长	施加进口关税和进口配额； 提供出口退税或出口补贴； 定向财政补贴； 政府定向采购； 建设特殊经济区

续表

政策目标	政策工具
推进产业市场化	规范企业的市场进入和退出行为； 实行反垄断和竞争政策； 引导金融机构给予更多的融资机会； 长期信贷优惠支持； 引导风投资本投资
减少信息不对称	推进产品标准化； 举办相关产业论坛； 建设行业商会或协会； 分享领先企业的相关经验
提高产业生产率	提供或补贴企业培训； 推进政府和社会资本合作（PPP）； 升级产业基础设施； 鼓励外商直接或间接投资

资料来源：作者整理。

2. 发挥政府采购的需求侧引导功能

在推动未来产业发展的众多产业政策工具中，政府采购的作用尤为突出，已被欧美发达国家和地区视为刺激未来产业需求的最重要手段之一（渠慎宁和杨丹辉，2020）。例如，英国自 2003 年起便在政府采购中加大了对于前沿技术和创新产品的支持，而德国则专门出台了《支持创新发展的政府采购法案》（*Agreement on Public Procurement of Innovation*）。在具体执行中，政府采购对未来产业的支持主要有以下几种形式。首先，通过一般性政府采购（general government procurement）支持。政府部门可以利用一般性政府采购，明确其支持的未来产业部门，对其相关产品或服务进行大批量购买。其次，通过催化性政府采购（catalytic procurement）支持。催化性政府采购是指政府部门作为一个重要需求方支撑市场刚开始起步的未来产业，引导社会需求转变。催化性政府采购可以引领社会消费动向，扩大产品知名度，给未来产业的市场启动奠定舆论基础。最后，通过战略性政府采购（strategic procurement）支持。战略性政府采购主要是针对发展方向尚未明确的未来产业。此时的政府采购将产生较强的信号作用，引导企业往政府期望的产业方向进行投资生产。对指定产品的政府采购措施，不仅能制造购买力，帮助符合方向的企业补偿一部分沉没成本，还可增加企业收入，提高资产的投资吸引力。

3. 丰富未来产业的融资手段

资本是推动未来产业做大产能的关键要素。未来产业由于不确定性较高，企业开展融资存在一定难度。产业政策可借助以下措施加以解决。首先，积极引导外资进入。通过吸引跨国公司的外商直接投资（FDI）投向未来产业，不仅可以解决产业发展的资金问题，还可利用跨国公司的技术优势获得技术外溢效应。产业政策可对涉及未来产业的外资实行阶段性免税、补贴或土地优惠等政策，鼓励跨国公司开展绿地投资或股权投资，利用跨国公司资源推进上下游产业集聚，帮助本地企业发展。其次，鼓励金融机构支持未来产业发展。配合窗口指导等手段，给予面向未来产业的优惠信贷措施，吸引金融机构参与未来产业投融资。在政府采购开展的竞争性招投标过程中，可面向社会公开有关企业的技术实力和生产能力信息，扩大产业知名度。特别是对那些能够赢得竞标的企业及其代表性产品进行宣传，凸显其产品品质在一定程度上得到了政府层面的认可，以此引导金融机构加大支持示范企业。最后，创新金融工具和估值方法。未来产业由于存在较强的发展潜力和外部效应，其长期价值容易受短期的经济业绩影响低估。有关部门可设计出针对未来产业的估值办法或标准，指导资本市场对其合理估值，创新金融工具，帮助相关企业直接上市融资。

四、未来产业发展支持性政策的取向选择

本章系统梳理了未来产业发展所需的政策措施，分析了创新政策和产业政策的作用机制与作用路径。在未来产业的基础研究和工程化阶段，创新政策可以解决基础科学研究中的“市场失灵”问题，激发产业创新活力，提高产业科技成果转化率，并通过发挥多种政策工具功能、保障创新者的数据要素供应和提高公共部门的研发效率，支撑前期未来产业发展。在未来产业的商业化阶段，产业政策可以解决未来产业的“幼小化”问题和产能不足问题，刺激潜在的消费需求启动，并通过使用多种政策工具、发挥政府采购的需求侧引导功能和丰富未来产业的融资手段，扶持后期未来产业壮大。近年来，世界正经历百年未有之大变局，全球经济环境出现了一系列新变化。特别是2020年初由新冠病毒引起的全球疫情大流行，不仅给各国经济、社会和政治制度造成较大影响，还在一定程度上改变了未来产业的发展趋势，重塑未来产业的创新方向和路径。展望未来，未来产业政策应与时俱进作出调整，以更加包容、更具有韧性、更加绿色化为导向，更好地推动未来产业发展。

（一）未来产业发展政策应更加包容

当前，不平等问题在产业技术创新领域同样存在，学生、个人研究者、中小企业及初创企业所能获取的研发资源较少。今后，未来产业政策应更具包容性，减少个人、社会团体以及企业开展创新活动的

障碍，解决由参与机会限制导致的人力资源和技术资源的错配问题。就现阶段的情况来看，这种资源错配通常表现在劳动力市场歧视、小型团队研发资金获取困难等方面。对此，未来产业政策可在以下几方面发力。首先，提高公共领域创新的包容度。建设公共科学基础设施，扩大弱势群体接受高等教育或技术培训的机会，加大中小研发团队的资金资助力度。举办针对弱势群体的创新政策宣传活动，推出取得突出成绩的创新典型和创新案例，提高弱势群体参与创新的积极性。其次，提高产业领域创新的包容度。建设公共产业信息平台，扩大中小企业的信息获取通道。发挥行业商会或协会功能，为中小企业提供技术或产业资讯服务，帮助其开辟新市场、获取新技术。建设产业界、学术界、金融界“三界一体”的研发网络，实现各界之间的创新资源互补。最后，缩小地区间的创新差距。加强落后地区与先进地区的科研团队交流，为落后地区提供资金支持和技术培训服务，支持地方政府实施科技创新计划、发展科技创新项目，给予落后地区更大的创新激励。

（二）未来产业发展政策应更具有韧性

新冠疫情造成的全球供应链中断，促使各国均将打造更强的“经济韧性”作为优先发展事项，而这也是未来产业政策的发展趋势。未来产业政策一方面应从强化预期着手，提前准备好突发事件的冲击，解决“灰犀牛”事件；另一方面则应提高应对能力，在“黑天鹅”事件发生后能短时间内迅速调整，削弱外部冲击的负面影响，并且挖掘潜在的商业机会。具体而言，未来产业政策可采取的措施包括以下三方面。首先，识别“灰犀牛”事件的背后风险。对于气候变化、网络安全攻击、人口老龄化等大概率且影响巨大的潜在危机，有关部门应要求市场主体提前开发相应技术（如通过绿色技术创新减缓全球变暖速度，利用高级机器人和3D打印解决劳动力短缺问题），准备好解决方案，降低危机出现概率。其次，强化未来产业中的技术基础设施，为危机发生后设计解决方案提供硬件支撑。在防疫期间，网络宽带、通信基站、区块链等新型基础设施均发挥了巨大作用。最后，提高公共部门应对“黑天鹅”事件的灵活性。对疫情大流行期间研发资金分配、专利快速审批、开放式创新网络建设等政策措施的效果进行评估，确定有效的政策实践以及存在的制度问题，在后期加以改进和推广。应避免将大量资金集中用于特定学科领域的知名团队，而减少对跨学科研究团队的支持，尽可能创造出更多样化更新颖的危机解决思路。

（三）未来产业发展政策应更加绿色化

随着各界对气候变化风险的警觉不断提升，已有不少舆论认为气候变化将可能成为紧随新冠疫情之后的下一场大范围危机。受此影响，应对气候变化和生态环境损害问题也成为未来产业政策的重要发展方向。2020年，已有近30个欧美发达国家和地区将推动产业绿色化转型、加快绿色技术创新视为未来产业发展的重点，并在清洁能源、绿色交通、新能源汽车等领域加大资源投入（OECD，2020）。就未来产业政策而言，具体推进可从以下几点着手。首先，针对特定市场或特定环境，通过政府采购、提高环保标准等手段刺激绿色技术和绿色产品需求，同时对绿色技术和绿色产品创造的外部性价值进行合理定价，以此建立激励机制，解决需求不足问题。其次，充分发挥金融工具作用。引导金融机构加大针对低碳产业的信贷支持力度，建设绿色投资基金，孵化绿色技术部门的初创企业，对绿色创新公司上市融资在审批环节开辟“绿色通道”。最后，加强全球绿色技术创新合作。成立绿色研发国际合作支持部门，促进本国科研人员与国外同行的技术交流。借助 APEC、OECD、联合国环境规划署等国际平台，联合他国签订绿色创新合作协议，共同建设全球公益性的绿色技术专利池和数据库，帮助更多个人、企业和地区能够接触到最新的绿色技术，壮大绿色技术创新队伍，增添绿色技术创新活力。

第九章

世界主要经济体未来产业的战略布局

随着新一轮科技革命和产业变革的深入演进，为了赢得未来产业发展先机、抢占世界科技和产业竞争的制高点，世界主要经济体纷纷加强了对未来产业的谋划布局，出台相关发展战略，加大支持和投入力度。各主要经济体虽在未来产业大方向上表现出一致性，但在重点领域选择、扶持政策举措等方面各有特色。

一、美国：超前布局，确保在未来产业领域的全球领导地位

科技革命往往会改变国家间的竞争格局，美国作为超级大国，长期在科技、经济以及军事等方面处于世界领先地位。近年来，面对不断增强的国际竞争压力以及美国以制造业为代表的国家竞争力的下滑和不断激化的国内矛盾，为了在新一轮科技革命和产业变革中确保在技术和创新方面的领导地位，美国加快了对未来产业布局的步伐。

（一）主要战略部署

2019 年 2 月，美国白宫科技政策办公室（OSTP）发布《美国将

主导未来产业》，提出了联邦政府推动新技术发展的政策理念。美国将发挥独特的研发生态系统优势，重点发展量子信息科学（QIS）、人工智能（AI）、先进通信网络 /5G、先进制造和生物技术五个领域（见表 9-1），以及支撑未来产业发展的未来计算生态系统和未来产业发展实现的远程车辆自动驾驶技术。2020 年美国总统科技顾问委员会（PCAST）发布的《关于加强美国未来产业领导地位的建议》，提议通过与政府机构、工业界和学术界协作，将基础研究的成果与早期应用相结合，强化未来产业发展。同年，由美国两党参议员组成的团体提出的《2020 年未来产业法案》（*Industries of the Future Act of 2020*），要求确保在人工智能、量子信息科学、生物技术、下一代无线网络和基础设施、先进制造、合成生物学等未来产业的联邦研发投入，以保持美国在全球经济的领导地位；2020 年 10 月，美国国务院发布《关键与新兴技术国家战略》，明确了 20 项为保持美国全球领导力而需要重点发展的关键与新兴技术清单，该报告虽然没有明确提及“未来产业”，但所提及的高级计算、人工智能、自主系统、量子信息科学等都属于未来产业的范畴。2021 年 1 月 PCAST 发布的《未来产业研究所：美国科学与技术领导力的新模式》提出，着力打造未来产业新型研发模式、管理结构和运营机制等，推动美国基础、应用研究和未来技术的商业化产业化进程。上述一系列战略举措的密集出台为美国强化未来产业的全球领导地位提供了重要保障。

表 9-1　美国未来产业布局重点领域

未来产业领域	发展意义
量子信息科学（QIS）	量子信息科学技术通过对微观粒子进行精确的量子操控，能够突破经典信息技术的限制，应用包括量子计算机、智能手机芯片、GPS导航设备及由MRI机器生成图像等
人工智能（AI）	人工智能允许计算机和其他机器从经验中学习并模拟人的某些思维过程和智能行为，协助和替代人在传统生产生活中的作用，应用领域不断扩大

续表

未来产业领域	发展意义
先进通信网络/5G	通信网络是实现人机物互联的网络基础设施，5G具有高速率、少时延、大连接和低成本的特点，使得万物互联成为可能，是物联网、无人驾驶及VR等新兴领域发展的基石
先进制造	先进制造将数字技术、现代管理技术及高新机械材料等前沿技术综合应用于高科技制造业产品生产的全过程，生产力水平显著提高，形成了全新产业
生物技术	生物技术结合现代生命科学理论和其他先进理论技术，对生物体进行加工和改造，研究生命活动的规律并提供产品，在人口健康、粮食安全和生态环境等方面的作用日益凸显

美国未来产业的战略布局不仅关注新兴科学技术发展，而且重点在于利用科学技术支持经济、能源、健康等国家战略需求，期待通过未来产业交叉融合带来更为先进的生产工具和生产技术，产生明显的溢出效应和积极的正外部性，持续带动上下游产业增长升级，带动教育、医疗、交通和通信等重要领域的革命性变化，从而巩固美国在未来产业领域的领导地位。

（二）支持未来产业发展的主要举措

OSTP 指出，美国将统筹协调政府各个部门，由联邦政府、企业、院校和科研机构共同参与，加大对新兴技术群投入，从基础研究和发展、劳动力发展、宽松监管和国际参与四个方面布局美国未来产业。如表 9–2 所示，近几年美国通过发布各项发展战略、行动计划、政策指引等功能性产业政策，指导科研投入、人才吸引、基础设施建设等环节，引导创新资源聚集，营造了有利于未来产业发展的政策环境，使美国未来产业核心竞争力不断增强。

表 9-2 美国未来产业政策

产业	发展目标	产业政策
量子信息科学	加强关键基础设施建设，建立量子信息科学中心，探索量子前沿，支持量子技术产业化，确保美国实现量子信息科技的经济和安全利益	《国家量子倡议法案》（2018年） 《量子信息科学国家战略概述》（2018年） 《美国量子网络战略愿景》（2020年）
人工智能	持续投资基础人工智能研究，指导各机构提供数据、模型和计算资源，促进技术转型及应用，建立统一治理标准，维持人工智能领先优势	《未来人工智能法案》（2017年） 《人工智能国家安全委员会法案》（2018年） 《美国人工智能研发战略计划》（2019年） 《美国人工智能行动第一年度报告》（2020年）
先进通信网络/5G	加速安全网络和先进通信技术的研究、开发、测试和部署，增强数据与算力设施服务能力	《先进无线通信研究计划》（2016年） 《Ray Baum法案》（2018年） 《5G Fast战略》（2018年） 《美国保护5G安全国家战略》（2020年）
先进制造	发展和推广先进材料和加工技术，教育、培训和匹配制造业劳动力，扩大国内制造业供应链能力，重点关注智能和数字制造系统、半导体等技术方向，引领全球先进制造	《先进制造业国家战略计划》（2012年） 《振兴美国制造业和创新法案》（2014年） 《国家制造业创新网络》（2014年） 《美国先进制造业领导战略》（2018年）
生物技术	推进生物技术领域的科学发现、技术突破和工具开发升级，支持药物开发和精准医学计划，弥补医学研究、医药产业与药品监管之间的缺口，提高美国人的健康水平	《21世纪治愈法案》（2016年） 《美国国家生物防御战略》（2018年） 《脑研究计划》（2013年） 《精准医学计划》（2015年） 《耐药性国家行动》（2015年） 《癌症登月计划》（2016年） 《微生物组计划》（2016年）

资料来源：作者根据谷歌大数据检索和公开资料汇总整理所得。

1. 加大对人工智能、量子信息科学等重点领域的投入力度

美国在 2020 —2023 财年研发预算优先领域备忘录中，均明确表示将人工智能、量子信息科学等未来产业作为国家科技发展的优先领域（见表 9–3）。拜登竞选时表示，将在四年内提供 3000 亿美元的联邦研发资金，大力促进美国先进材料、生物技术等科技产业发展。2021 年美国众议院科学委员会在提出的《NSF 未来法案》中计划向未来产业领域投入 726 亿美元。美国国会发布《无尽前沿法案》，计划五年之内投

放1100亿美元，支持量子信息科学、人工智能等新兴技术群基础和应用研究、商业化、教育培训等项目。

以量子信息科学（QIS）领域为例，能源部（DOE）、美国国家标准与技术研究院（NIST）和美国国家科学基金会（NSF）是QIS主要的资助机构，近年来QIS研发投入不断增加。NIST计划2019—2023年每年投入8000万美元支持其基础研究、应用研究、基础设施建设、人才培养等活动；NSF资助开展量子信息科学与工程的基础研究、教育计划，建立2~5个多学科量子研究中心，在2019—2023财年度为每个中心的拨款不超过1000万美元；DOE资助建立2~5个QIS研究中心进行基础研究，在2019—2023财年度为每个中心的拨款不超过2500万美元。

表9-3　　美国2020—2023财年优先发展领域

年度	优先发展领域
2020财年	国家安全 人工智能、量子信息科学和战略计算的领先地位 互联和自动系统 空间探索和商业化 能源 促进医学健康 农业科技
2021财年	国家安全 未来产业的领导地位 在能源和环境方面的领导地位 健康和生物经济创新空间探索和商业
2022财年	国家安全 美国公共健康安全和创新 未来产业和相关技术的领先地位 能源和环境方面的领先地位 空间的领先地位
2023财年	重大流行病的应对和预防 应对气候变化 促进关键和新兴技术的研究与创新 创新促进公平 国家安全和经济复原能力

2. 完善教育体制，培育和引进多层次的人才

科技创新竞争的本质是人才竞争，美国经济的繁荣离不开其强大的人才队伍支撑。从 20 世纪 50 年代开始，美国多次修改《移民法》，规定任何国籍、信仰、种族以及性别的高技能人才可以不受限制地享受各项政策优惠措施和优先移民美国的权利。根据 2022 年 QS 世界大学排名，麻省理工学院连续十年排名第一，前 10 名中有一半学校都来自美国，其完善的高等教育体制、先进的教育理念和教育方式，培养和吸引了大批兼具较强理论和实践能力的未来社会发展所需的人才为美国工作。

除高等教育外，美国从中学到大学的各项 CTE 项目、两年制社区学院等职业教育也系统开展 STEM 教育，增加科学、技术、工程、数学等项目，提供商业管理、软件设计、自动化等课程，培养了一批具有批判性思维和创新技能的高技能技术工人。2018 年美国政府发布《美国学徒制扩张任务》，对 1619 年传入美国的学徒制度进行改革，联邦政府从教育与资格认证两方面吸引企业引入学徒制，并专门创建基于学徒制的数据平台，帮助求职者迅速了解其感兴趣的行业相关的学徒计划，采用“工学结合”的方式为工人提供更多机会获得基于能力的行业认可的资格证书，将技能工人与需要他们的未来行业相匹配。

3. 强化新型基础设施建设支撑未来产业发展

《美国将主导未来产业》报告将人工智能、先进制造、量子信息科学技术、5G 四大关键技术领域视为美国新型“基础设施”。科技和技术基础设施作为激发技术创新与应用，推动产业高质量发展的基石，美国高度重视其建设，2009 年奥巴马政府出台《美国复苏与再投资法案》，投资 1200 亿美元用于科学研究、基础设施以及实验室大型仪器设备的

更新。2018 年特朗普政府发布《美国重建基础设施立法纲要》，重点投资建设 5G 通信基站、宽带网络、大数据等基础设施，加大高速互联网技术等新兴技术的研发和应用，抢占未来产业布局战略制高点。2021 年拜登政府再次签署《基础设施投资和就业法案》，旨在布局电网和宽带网络等基础设施建设领域最具战略性、最有效的投资。

近年来，美国能源部提出实施“前路计划”，设立“百亿亿次计算项目”，部署百亿亿次超级计算机，解决并行性、内存和存储问题，为推进基础设施建设提供运算支撑；在南达科他州开工建设长基线中微子设施，开展地下深层中微子试验场所。为提高国家生物安全，美国新建 5 家生物安全四级实验室，包括美国国家过敏和传染病研究所、加尔维斯顿国家实验室、美国国家生物卫生分析与对策中心等。在人工智能领域，美国发布《国家人工智能研发战略规划》，提出要开发人工智能共享数据集和测试环境平台，开发开源软件库和工具集等。现阶段美国技术基础设施和创新支持体系已经较为完善，为未来技术和技能积累，把握新一轮科技革命和未来产业变革趋势积累了显著优势。

二、欧盟：布局未来产业，巩固和提升全球竞争力

近年来，随着新一代技术的发展，欧盟为了巩固和提升国际竞争力，振兴欧盟经济，相继在人工智能、量子技术、自动驾驶、生物科技、低碳技术、数字健康、氢技术、新一代通信、空天科技、纳米技术等领域布局。

（一）主要战略部署

欧盟委员会于2019年发布《加强面向未来欧盟产业战略价值链报告》，该报告由欧洲共同利益重大项目战略论坛（IPCEI）专家组拟定，计划提高欧洲六大战略性和面向未来产业的全球竞争力和领导力。六大产业包括：互联且清洁的自动驾驶汽车、氢技术及其系统、智能健康、工业互联网、低碳产业和网络安全，从多渠道协同投资、加强政策扶植和提升研发支撑等方面为加强各产业战略价值链提供了政策建议。

欧盟成员国也纷纷根据本国产业既有优势和特点，提出差异化的未来产业战略，确定重点发展的领域。在人工智能领域，2018年5月，法国发布《法国人工智能战略》，目的是使法国成为人工智能强国。2019年，丹麦政府出台了《人工智能国家战略》，提出人工智能的发展能提升丹麦的企业竞争力，并加强公共部门的服务管理能力。在量子信息科学领域，2015年，荷兰制定了10年期的量子计算发展计划。2018年，欧盟启动了10年期的量子技术旗舰项目。在数字技术领域，爱尔兰发挥自身大数据产业优势，打造“欧洲数据中心”，重在对区块链、人工智能和物联网等技术进行研发，提高数据中心安全的优先级，提升其安全指数，以安全性保障爱尔兰科技发展。在氢能领域，近年来，随着欧盟对能源转型和气候变化的关注度不断加大，不仅将氢能作为实现“碳中和”、控制气候变化和发展新能源的目标，而且作为实现经济结构性转型、为后疫情时代注入发展动能的重要路径，并力争成为该领域全球的引领力量。2020年7月，欧盟委员会推出《气候中性的欧洲氢能战略》，制定了欧盟发展氢能的路线图，大力促进氢能特别是可再生能源制氢产业的发展以及氢能的广泛应用。目前，已经有26个成员国加入欧盟牵头成立的“氢能倡议”，14个成员国将氢能列入国家替代化石能源的政策框架。在航空航天领域，2016年，欧盟发布《欧洲太空战略》，提出航天科技开发由用户需求驱动，服务当下的新需求，特别是气候变化、可持续发展和国防与安全等的需求。2020年3月，欧盟委员会发布《欧洲新工业战略》，明确提出“寻求民用、航天和国防工业之间的协同作用”。2021年2月，欧盟委员会出台《民用、国防和航天工业协同行动计划》政策文件，勾画了促进欧盟民用、国防和航天工业强大协同发展的具体路线图，启动欧盟无人机技术、基于集成量子加密技术的欧盟天基全球安全通信系统、空间交通管理等旗舰项目，促进技术交叉融合。

（二）支持未来产业发展的主要举措

1. 为未来技术研发提供长期、多元化的资金支持

2019年8月，欧盟委员会设立了由成员国出资，规模高达100亿欧元的主权财富基金——欧洲未来基金（European Future Fund），致力于对欧盟具有战略性意义的重要领域的企业进行长期投资，以鼓励欧洲公司实现对来自美国和欧洲竞争对手的赶超。2021年3月，欧盟委员会发布的《欧洲地平线2021—2024》计划，欧盟将在未来7年中投入超过955亿欧元助力欧盟科技发展。在近三年中主要投资在四个战略方向：一是通过引领关键新兴技术、部门和价值链的发展，促进开放的战略自主；二是恢复欧洲的生态系统和生物多样性，并以可持续的方式管理自然资源；三是使欧洲成为第一个数字化循环、气候中和可持续的经济体；四是创建一个更具弹性、包容性和民主的欧洲社会。

欧盟成员国也同步提出了发展计划。2020年11月，法国国民议会审议通过了法国高等教育、研究与创新部（MESRI）提交的《2021—

2030 研究计划法案》。从研发投入来看，法国政府将在未来十年内以逐年递增的方式向公共研发领域增加 250 亿欧元的财政预算，以确保 2030 年实现 3% 的研发经费投入强度目标。一是逐年提高竞争性基础研究项目资助规模。以 2020 财年预算为基准，力争 2027 年起实现向法国国家科研署稳定增加 10 亿欧元的目标，将项目资助率由 2016 年的 16% 提升至 2030 年的 30%。二是加大对中型科技基础设施的建设力度，优先学科包括物理、化学、地球科学、生命科学以及与大数据开放和使用相关的领域。三是扩大科研人员规模，在维持现有人员编制的基础上，允许国家科研机构和高等院校逐年扩编，主要用于招聘技术型人才和研究型“初级教授”（方晓东等，2021）。

2. 优化人才教育，促进人才域内外有序规范流动

欧盟通过大力加强人才队伍建设、优化人才教育重点和强化人才域内外流动来培养与未来科技战略相贴合的人才。例如，法国通过将高等教育和研究创新部门改组融合，实行“大部委”制来统领人才教育和创新，以期在面对国际形势的深刻变化和日益激烈的大国竞争下提振本国科学研究事业，捍卫国家科技主权以及世界科技强国地位。此外，欧洲各国政府着力于打通人才流动渠道，消除人才流动障碍。一方面通过建立专门的平台，促进人才有序规范流动；另一方面提升本国学术环境的吸引力，促进人才回流。同时，各国政府利用项目引导，推动人才跨学科、跨行业流动，培养复合型人才。在整个欧洲范围内，也致力于提高科研一体化水平，促进人才均衡流动（熊缨等，2020）。在《欧盟新产业战略》中，欧盟还出台数字化教育行动方案，强调教育与数字平台的结合，为培养人才提供有力支撑。通过推进教育培训系统现代化，培养专业人才，支持劳动力市场转型，及时调整社会保障体系。

3. 加强创新基础设施建设，制定和完善未来规则

欧洲通过投资尖端设备、尖端实验室、未来工业技术平台等加强创新基础设施建设，不断推动创新成果转化。同时，整体上加强创新环境和创新生态建设，加强各类创新基础设施的横向联系。

欧盟特别重视制定和完善未来产业规则，通过对规则话语权的掌控，一方面保护本域内相关产业，另一方面试图领导未来产业。在欧盟委员会出台的《欧洲人工智能》战略中，欧盟提出要率先确立合适的人工智能伦理与法律框架，对现有人工智能产品的权责进行规范，深入分析面临的各项挑战，也需要相关各方通力合作，并通过欧洲人工智能联盟出台具体的人工智能伦理准则（殷佳章等，2020）。在欧盟委员会出台的《民用、国防和航天工业协同行动计划》中，欧洲探索航天事业的民用军用融合模式，与相关利益方密切合作，促进民用与国防混合标准的使用和新规则的制定。在欧洲的新能源战略中，欧盟通过加强氢能源的基础设施建设、统一监管规则，积极争取国际标准制定权和全球领导权，占据全球氢能产业制高点。

4. 转向保护性产业政策，强化政府的作用

在欧盟委员会发布的《欧洲新产业战略》中，欧盟提出了一系列保护性的产业政策，通过强化国家和政府的作用，在外来贸易威胁下对相关行业进行保护，对重点行业进行战略扶持。在实现手段上，由传统的主要依靠市场进行自发调节的手段，转向更加依靠国家直接干预而达成目标的手段。在复杂的内外部环境下，政府作用不断加强，干预型的产业政策更具保护色彩。

三、德国：推动突破性创新活动，掌握未来产业主导权和技术主导力

随着信息技术和互联网的发展，全球价值链结构发生了深刻的变化，国家间的产业竞争日益加剧，德国在信息化发展方面相对滞后，传统制造业竞争力下降。同时，全球经济重心的转移、逆全球化趋势的加剧和疫情的冲击对德国未来产业的战略布局都提出了新的要求。

（一）主要战略部署

德国在2013年提出“工业4.0”战略以后，又相继出台了《研究与创新为人民——高技术战略2025》《国家工业战略2030》《人工智能战略》等战略文件，重点围绕智能制造、基础科研、人工智能、清洁能源、数字化转型、数字基础设施建设等方面对德国未来产业作出战略部署（见表9–4）。德国政府根据德国的产业基础和未来预期，在加大基础科研投入、提升科技实力的基础上，重点将国家战略的重心倾向于以下方面：加强数字化基础设施建设，补齐信息化时代落后短板；巩固和提升国家工业制造业地位，突破传统工业困局；聚焦清洁能源发展，成为氢能技术的领导者。

表9-4 德国推动产业和高技术发展的战略部署

发布时间	战略	主要战略部署
2013年	《保障德国制造业的未来：关于实施“工业4.0”战略的建议》	核心是“智能+网络化”，通过使用建立在信息和通信技术高度发展的基础上的CPS来实现智能制造的目的，是德国的“再工业化”战略
2018年	《研究与创新为人民——高技术战略2025》（HTS 2025）	通过加大基础科研投入，保持德国全球科技领域的领先地位

续表

发布时间	战略	主要战略部署
2018年	《人工智能战略》	让德国和欧洲成为领先的人工智能中心，从而帮助德国维护未来的竞争力
2019年	《国家工业战略2030》	通过加强人工智能、数字化、生物科技、纳米技术等领域的研发投入，同时注重于打造欧洲自己的数字化基础设施，维护科技主权
2020年	《国家氢能战略》	以发展“绿氢”为重点，到21世纪中叶实现气候中和的目标，成为氢技术的全球领导者
2021年	《联邦政府数据战略》	创建持续有效的数字化基础设施，增加创新和数据使用，支撑更有效地管理国家和社会

（二）支持未来产业发展的主要举措

1. 以加大基础科研和重点领域的投入维持德国在全球科技领域的领先地位

在基础科研的投入上，根据“HTS 2025”，联邦政府在财政上设定了新的研发和具体的投入目标，计划到2025年实现联邦研发投入占GDP的比例达3.5%。同时，调整了“高技术战略”的计划编制方式和内容，更加注重对数字化潜力的开发以及研发成果向高质量产品和工艺的转化，也更加注重加强不同政府部门间的协同配合。通过“HTS 2025”，德国希望保持在全球科技领域的领先地位，并做到更好。

德国针对新冠疫情对经济的影响，通过大力投入未来产业刺激经济复苏。在重点战略的投入中，德国重点关注新能源投入，以“绿氢”作为其能源转型的方向主要在于德国氢气产能基础良好，大约占到全球总量的20%。在实施中，德国总投资90亿欧元大力支持“绿氢”的发展，并计划到2030年重塑欧洲与国家市场。在人工智能和量子领域投资70亿欧元用于超级计算机、量子计算机等技术的研发。此外，德国还通过药物和疫苗的研发以及有效数据的使用来抗击疫情冲击，投资95亿欧元用于疫苗研发、改善医疗条件等，投资100亿欧元于联邦政府数据战略，用于电子政务系统、5G通信、6G通信等的建设和研发。

2. 强化政府干预，构建促进未来产业发展的制度框架

在《国家工业战略2030》中，德国有针对性地扶持各大重点工业领域，力图保持其先进工业制造的全球核心竞争力。首先，在新能源、人工智能、自动驾驶等关键领域，运用包括政府补贴、援助甚至是接管重要企业的方式深度参与相关产业发展，同时进一步完善利于企业发展的制度框架，改善国内营商环境。其次，全面鼓励创新，增加研发支持力度。活跃市场，以充分调动私人资本用于人工智能、数字化、生物科技、纳米技术等领域的研发投入，更加注重打造属于欧洲自己的数字化基础设施。然后，维护科技主权，加大对外审查力度，目的在于为外商投资营造一个公平的竞争环境。最后，加大对中小企业的扶持力度，并上升到国家战略的高度，保护德国中小企业的传统优势。德国也计划到2030年逐步将工业增加值的比重在德国和欧盟分别提高到25%和20%，努力维护德国国内工业产业链的完整性，以应对国外风险。

3. 加强基础设施建设，加快数字化转型

德国致力于数字基础设施建设，在《联邦政府数据战略》中，德国政府提出数字化发展的基础是要创建持续有效的数字化基础设施，增加创新和负责任的数据使用，提高数据技能并建立数据文化，最终目标是使联邦政府成为数据使用的世界领导者。在2021年的“国家改革计划”中，德国政府在应对主要宏观经济挑战的举措中多次提到数字化转型，包括：①加大数字化转型投资；②推动对数字基础设施的投资，挖掘数字化潜力；③战略性地塑造数字化，支持中小企业进行数字化转型；④

利用数字化实现能源转型等。数字化转型几乎贯穿未来产业布局的各个方面，德国也越来越注重数字化的发展，帮助解决社会问题。

4. 强化人才培养和人才储备

德国加强对教育的投资，改善教育的基础设施和提升教育的质量。德国重视产学研的合作，通过建立孵化中心，实现人才在大学、科研机构、企业间的流动，促进产学研深度交流（苏铮等，2021）。德国还组建学术国际网络（GAIN）等，面向国外工作的德裔学者，为他们提供德国就业相关的政策信息、工作岗位、资助机会等，通过打通国际交流渠道，鼓励德国人才回流来强化本国人力资源。

四、英国：以创新重振经济，成为未来产业发展的领导者

2008 年国际金融危机以后，英国劳动生产率持续低下，根据英国国家统计局数据，2016 年英国生产力水平与 G7 国家平均水平相差 16%，在启动“脱欧”程序后，英国预算责任办公室（OBR）预计 2017 年英国经济增速仅 1.5%。为减小脱欧后的负面影响，英国出台了一系列促进科技创新的政策举措。

（一）主要战略部署

2017 年初，英国发布《现代工业战略绿皮书》，希望新一轮科技革

命及其引发的产业变革成为英国经济持续发展的关键。随后，英国商业、能源与产业战略部（BEIS）宣布设立产业战略挑战基金（ISCF），支持未来技术研究、基础设施建设以及大学与企业的合作和技术转移。2017 年末，英国政府公布白皮书《产业战略：建设适应未来的英国》，指出英国未来面临人工智能、清洁增长、未来交通运输和老龄化社会四大挑战，而这也成为英国未来产业的增长点（见表 9–5）。英国希望立足于创新能力、人才、基础设施、商业环境和地方经济五大发展优势，在全球产业竞争格局中成为未来产业发展的领导者，重振创新经济。此外，2019 年，英国工程和物理科学研究委员会成立了靶向医疗、化合物半导体等 13 个未来制造业研究中心，重点支持早期研究的商业化以推动未来制造业更快地采用新技术和新商业模式。

表 9-5　　英国未来产业战略布局

挑战	优先发展目标	重点领域
人工智能	将英国建设成为人工智能和数据驱动创新的全球中心；推动企业应用人工智能和数据分析技术提高生产率；安全合理使用数据和人工智能；培训劳动力未来工作所需的技能	量子技术商业化、创意产业集群、数字安全设计、下一代服务
清洁增长	在能源、供热和运输方面开发廉价清洁的智能能源系统；开发绿色建筑施工技术；建立能源密集型产业；加大对可持续农业的支持与激励；制定支持清洁增长的全球标准	工业脱碳、低成本核能、智能制造、能源革命、智能可持续塑料包装、建筑改造、粮食生产转型、基础产业改造
未来交通运输	建立灵活的监管架构，鼓励新的运输模式和新的运营模式；实现车辆运输向零排放转化；为交通运输服务的新模式、更大的自动化程度、行程分享以及缩小私人和公共交通之间的差别作好准备；利用数据加速发展新的交通运输服务，使运输系统更有效运作	电力革命、未来飞行、法拉第电池挑战、国家卫星测试设施、机器人技术、无人驾驶汽车
老龄化社会	为越来越多的全球老年人提供新的产品和服务，在满足社会需求的同时抓住商业机遇；支持适应变革需求的商业模式，鼓励新的护理模式的发展和推广；支持各行业适应不断变化和老龄化的劳动力市场；利用健康数据改善国民健康，保持英国在生命科学方面的领先地位	加速疾病检测、健康老龄化、从数据到早期诊断和精准医疗、先进医疗保健

（二）支持未来产业发展的主要举措

作为近代世界科学技术中心之一，英国在17世纪率先建立了现代科学体制，但领先成果应用转化不足。21世纪以来，英国政府借助基础研究优势，实施知识转移伙伴计划（KTP）、小企业创新项目（SBRI）、知识转移网络（KTN）和大学技术转移服务中心等项目推动产学研合作，促进技术转移。2010年，英国陆续建立细胞和基因治疗、卫星应用等9个“弹射中心”，帮助相关技术跨越“死亡之谷”走向市场。2014年提出“新兴技术与产业战略（2014—2018）”、2015年发布“英国量子技术路线图”和“英国动物替代技术路线图”、2016年推出“英国合成生物学战略计划”、2021年出台“氢能路线图”等，持续布局关键科技领域。

2018年英国成立研究与创新署（UKRI）对英国每年的科研项目和科研经费进行统筹管理，在科技和产业之间建立长期有效的投资和转化机制。2019年英国政府公布《第四次工业革命的监管政策白皮书》，围绕面向未来、关注结果、支持实验、改善咨询访问、建立对话和引领世界6个方面制定了一系列支持创新的监管计划。英国国家创新体系不断完善，政、产、学、研协同引导科技成果产业化，以新兴产业带动英国未来经济社会发展。2020年在“研发路线图”中，英国政府提出要通过加大科学基础设施投入、培养和吸引人才等措施，在2030年把英国建设成世界第一的创新强国。

1. 对基础研究产业化全过程进行顶层布局和规划

长期以来，英国形成了持续、稳定的科研投入机制，资金渠道多元化，包括政府、企业、慈善机构等，其中，政府主要支持基础研究。英国通过以科研卓越框架（REF）为代表的科研绩效评价体系，将科研经费分配与科研绩效评价结果紧密挂钩，提高绩效拨款的倾斜程度和拨款机制透明度，增加科研经费拨款质量和资金使用效益。

英国研究与创新署（UKRI）以产业战略挑战基金（ISCF）、全球挑战研究基金（GCRF）、战略重点基金（SPF）、地方强化基金（SIPF）、未来领袖奖学金（FLF）和国际合作基金（FFIC）六大资助基金为支点，对基础研究产业化全过程进行顶层布局和规划。其中，ISCF 以 56 亿英镑支持英国未来产业应对重大挑战开展科技创新；GCRF 资助 15 亿英镑支持前沿研究，以应对发展中国家面临的挑战；SPF 投资 8.3 亿英镑用于人工智能等 34 个重点主题的多学科和跨学科研究；SIPF 旨在帮助英国各地区利用现有的研究和创新优势，为当地经济带来利益；FLF 为大学、企业和其他研究和创新环境中的人才提供长达 7 年的科研经费；FFIC 通过与中国等 20 个伙伴国的双边和多边计划来提高英国在研究和创新方面的表现。

2. 重视顶尖人才和高技能人才的培育

《产业战略：建设适应未来的英国》指出，人才是英国产业战略的五大基础要素之一。在 2022 年 QS 大学排名中，英国牛津大学和剑桥大学分别位列第二、第三，大学整体排名呈上升趋势，仅次于美国，众多世界一流大学吸引了全球大量优秀人才。但“脱欧”后，失去欧盟巨额科研资助、欧盟成员国优惠待遇、参与欧盟科研项目机会等优待，英国科研人才的跨国流动以及开展对外科技交流合作等受到一定的影响。2019 年，英国内政部（Home Office）宣布将重新开放 PSW 签证，国际学生毕业后还可以留在英国两年寻找工作机会，2020 年英国推出全球人才签证，发放数量将不设上限，吸引世界上最顶尖的科学家、数学家、研究人员、技术人才为英国工作。

与高等教育相比，英国技能教育较为落后，年轻人计算和读写等基本技能低于 OECD 国家平均水平。2015 年英国政府投入 6700 万英镑实施为期 5 年的计划，培养 2500 名专业数学和物理教师以及 15000 名非专业教师在数学和物理方面的技能。2017 年《产业战略：建设适应未来的英国》白皮书再次提出英国要建立与高等教育体系媲美的技术教育体系，将额外投资 4.06 亿英镑用于科学、技术、工程和数学（STEM）技能教育，其中包括 1.7 亿英镑用于创建地区技术学院，帮助解决 STEM 技能短缺的问题；实施国家新型再培训计划，率先投资 6400 万英镑用于数字和建筑行业技能培训。

3. 持续强化科技基础设施对未来产业发展的保障作用

英国高度重视基础设施建设，拥有十分系统和成熟的规划体系，为统筹推进基础设施发展，2010 年英国组建成立基础设施局，2015 年升级为基础设施和项目管理局（IPA），负责政府重大项目的工程交付和全生命周期运行，同年组建国家基础设施委员会（NIC），由多名高级专家为英国财政部提供专业、公正的基础设施发展战略建议。2020 年英国财政部发布《国家基础设施战略》，宣布成立新的国家基础设施银行，通过支持私人投资和全面改革基础设施交付方式对英国基础设施网络进行改造，以实现经济复苏、平衡和加强联盟与 2050 年实现碳净零排放三大目标。

文件将科技基础设施视为政府战略的核心，重点布局英国的数字、交通和能源基础设施，加强以 5G 技术为代表的信息基础设施对全国基础设施建设的赋能作用。其实早在 2017 年，英国政府在《产业战略：建设适应未来的英国》白皮书中就提出将国家生产力投资基金（NPIF）增至 310 亿英镑，投资 4 亿英镑于充电基础设施，投资 10 亿英镑于 5G

技术和全光纤网络高速宽带等，支持交通、住房和数字领域等基础设施建设。同样，2020 年在“研发路线图”中，英国表示未来将投入 3 亿英镑用于升级本国科学基础设施，使科研机构及大学的研究人员能够利用更好的设备与资源开展科学研究。英国的多项中长期基础设施发展战略共同作用，与其未来的发展需要实现了动态精准匹配。

五、日本：以“社会 5.0”为愿景，加紧布局未来产业

为破解少子老龄化、数字化转型之后的一系列经济社会问题，日本政府努力抓住新一轮科技革命和产业变革的新机遇，以科技创新作为社会变革的驱动力，积极布局未来产业发展。

（一）主要战略部署

2013 年 6 月公布《创造世界最尖端 IT 国家宣言》，制定了“IoT（物联网）综合战略”，从网络层面、平台层面、终端层面及服务层面制定具体目标。为了提供适宜的数据、制度环境以推进物联网发展，2016 年，日本出台了《官民数据活用推进基本法》，2017 年，设立了“IoT 新时代的未来建设研究委员会”。在机器人以及人工智能领域，2014 年 6 月，《日本经济再生战略》修订版提出，日本应争当世界领先者实现“机器人革命”，9 月成立“机器人革命实现委员会”，2015 年颁布《机器人新战略》。

2016年，日本在第五期《科学技术基本计划（2016—2020）》中首次提出“超智能社会”（社会5.0），指出人工智能是实现“超智能社会”的核心一环；同年4月，以总务省、文部科学省、经济产业省为核心创建了“人工智能技术战略会议”，发挥相关研究的“司令塔”职能。2017年被确定为日本的“人工智能元年”，2017年3月“人工智能技术战略会议”制定推出《人工智能技术战略》，提出具体战略路线图，即2020年前后在各有关领域实现人工智能的有效利用；2025—2030年，超越个别领域，实现人工智能的一般化应用并促生新型产业；2030年之后，各领域复合型交融，利用人工智能构筑新的社会生态。另外，日本的前沿材料与纳米科技一直处于世界领先地位，推动材料领域的科技革新也是日本布局的重点。

2018年7月，作为日本最高科技创新决策机关的“综合科学技术创新会议”（Council for Science，Technology and Innovation，CSTI）发布第二期战略性创新推进计划（SIP），提出主要资助网络空间、材料开发、光及量子技术等12个领域（见表9-6）。2019年11月，日本科技政策研究所发布《第11次科技预测调查综合报告》，描绘了“科学技术发展下社会的未来图景”，明确生命科学、生物技术、信息与通信技术等16个重点研究的未来技术领域。

表9-6　日本第二期战略性创新推进计划（SIP）资助的主要领域

项目	内容
网络空间基础技术	利用大数据和人工智能的网络空间基础技术
物理空间基础技术	物理空间数字数据处理基础
网络物理安全（Cyber Physical Security）	面向物联网社会的网络物理安全
自动驾驶	自动驾驶（系统和服务扩展）
材料开发平台	统合性材料开发系统的材料革命
光及量子技术基础	利用光及量子技术实现社会5.0
生物与农业	智能生物产业与农业基础技术

续表

项目	内容
能源、环境	实现脱碳社会的能源系统
防灾减灾	强化国家复原力（防灾减灾）
健康医疗	AI医院的先进诊疗系统
物流（陆上、海上）	智慧物流服务
海洋	创新深海资源调查技术

（二）支持未来产业发展的主要举措

日本以实现“社会 5.0”（超智能社会）为总目标，从构建持续且有韧性的社会经济结构、加快“创新的创造”、加强科研实力三方面推进未来技术和产业的发展。

1. 强化科技创新，加大科技研发投入

根据日本政府在 2021 年发布的第 6 期《科学技术基本计划》中提出，日本将通过网络空间和物理空间的融合创新价值，克服规模性全球问题以推进持续创新，构筑安全安心的“抗逆型社会”。为应对全球性的气候变化问题，日本在相关领域加大投入。2019 年度，日本在环境领域投入研发经费 12894 亿日元，在能源领域投入研发经费 11654 亿日元，并预计在以后继续重点投资相关领域，扩大“零碳”覆盖范围，到 2050 年达成碳中和的目标。

2. 优化科研环境，加强面向新型社会的人才培养

一是改善研发环境，催生卓越的多样化研究成果。为了激发研究学者的内在动力，不断产出新知识新技术，建立面向解决社会问题的综合知识系统，日本政府计划设立 10 万亿日元的大学基金，用于构建世界

一流水平的大学研发基本面，培育青年人才。同时进行大学制度改革，形成多样化、有特点的大学集群，吸引社会投资。二是推进开放科学及数据驱动型研究。面向数字化大趋势，为产学官的研究人员构建可利用的研究数据平台，同时在合作与竞争战略的基础上，促进数据共享和公开。2018 年，日本新设“探月型研究开发制度”，引入全新方法进行开放科学的大胆尝试。主要内容有：①以展望未来、产生巨大影响的社会课题为对象，提出鼓舞人心的目标和构想，在引领前沿研究的首席研究者的指挥下，汇集全世界研究精英共同实现目标；②最大限度地发挥基础研究能力，引导研究者们发掘革新性研究成果并包容研究过程中的失败；③在管理方法上，关注世界研发动向、了解相关态势、灵活更新研发内容、创新研发体制。三是培养面向新型社会的人才。激发科学家勇攀高峰、解决难题的热情；重视初高中阶段的基础教育，整体推进科学、技术、工程、艺术、数学（STEAM）教育。营造全社会积极向学的良好环境，为社会人士提供继续教育的机会。

3. 强化鼓励科技创新的政策体制

为解决新技术带来的社会伦理和制度层面上的新问题，日本计划采取以下措施：一是构筑包括人文社会在内的“综合知识”体系并加以灵活运用；二是强化 e-CSTI 的政策制定功能及确保政策的有效性。到 2023 年底在各有关部门彻底贯彻循证的政策制定制度（Evidence-based Policy Making, EBPM）。灵活运用数字 CSTI（e-CSTI）、强化政府研发投资的管理以引导民间投资、在大学和研究开发机构中实行高度循证化管理（EBMgt），提升整体制定和执行政策的水平；三是实行《基本计划》与《综合战略》连动的政策评价标准。继续强化 e-CSTI 的各项职能，到 2023 年中开始实施自动收集监控指标和跨部门的综合评价标准，同时，为彻底实施循证的政策制定制度持续完善和优化评价指标。

六、启示与借鉴

当前，新一轮科技革命和产业变革在全球范围内深入演进，加快布局未来产业成为主要经济体抢占世界科技竞争制高点的重要抓手。从美国、欧盟、德国、英国、日本等主要经济体推出的相关政策看，都是立足本国（地区）的优势领域、产业特色等，围绕量子科学、人工智能、未来网络、生命健康、新能源、新材料、空天海洋等从不同方向切入和着力，加大突破性技术和硬科技领域的研发投入、培育和吸引多层次人才、完善科技基础设施、强化科技政策和产业政策的作用几乎成为主要国家的共同政策选择。

借鉴发达国家的经验，我国推动未来产业的发展应该在洞察全球未来产业布局和发展态势的基础上，从我国实际情况出发，充分发挥体制优势，从提升科技研发水平、研发效能、研发投入、基础设施、人才培育等方面持续发力，为未来产业的发展营造良好的环境。

（一）面向国家重大战略需求和解决经济社会发展的问题，加强战略性、储备性科学技术研发

未来产业需要科技创新赋能。当前，科技创新已成为大国战略博弈的主战场，围绕科技制高点的竞争日趋激烈。我国要在未来产业发展上赢得先机，一方面要持续提升科技整体水平，加强原创性、突破性、引

领性科技攻关，尽快突破关键领域核心技术“卡脖子”的遏制；另一方面，要坚持需求导向和问题导向，面向国家重大战略需求和解决经济社会发展的问题部署实施战略性、储备性科技研发，开辟新的产业发展方向和重点领域，使未来技术、产业发展与国家的需要、人民的利益同向同行。

（二）强化国家战略科技力量，提升国家创新体系整体效能

世界科技强国竞争，比拼的是国家战略科技力量。继续强化以国家实验室、国家科学技术研究开发机构、高水平研究型大学、科技领军企业等国家战略科技力量的发展，推动基础研究、应用基础研究、关键共性技术、颠覆性技术等方面的突破，为未来技术和产业发展提供支撑。

（三）重视对未来技术和产业的长期战略投资

未来技术发展周期较长，从成果孵化、商业化到产业化都面临巨大的不确定性，对未来产业的支持和投资不能“急于求成”，从长期性和战略性出发，建立和完善科技创新基金、科技成果转化基金、知识产权基金、未来产业发展基金等，发挥长期性、战略性资金对未来科技创新和未来产业发展的保障作用。

（四）完善和加强科技基础设施建设

主要经济体都将科技基础设施建设作为巩固和提升国家核心竞争力、推动未来产业发展的重要举措，加强部署并大力实施。针对我国具

备原创科学思想和科学设计、世界领先甚至独创独有的重大科技基础设施数量较少，关键技术的源头仍然受制于人等问题，发挥体制优势，集中力量，加快前瞻布局建设技术领先、运行高效、创新有力、综合效应显著的国家重大科技基础设施体系，打造具有国际影响力的“航母级”创新平台；建设世界一流大科学装置集中区，推动综合性国家科学中心建设；支持国家重点实验室体系重组，积极推进国家级创新平台建设。推动未来技术转化和工程化，增强重大科技基础设施建设溢出效应，引领并带动未来产业创新发展。

（五）大力培育和引进具有科技创新能力的高水平科技研发人才和具有世界前沿水平的学科带头人

探索构建适应未来产业科技创新需求的多层次的人才培养体系，一是通过高校、科研机构与企业合作，订单式人才培养或面向全球引进等模式，保证科技创新和未来产业发展的人才供给。二是面向国家战略性重大科技攻关任务，积极探索实施“揭榜挂帅”等更开放的选人用人制度，以推动基础研究、底层技术、颠覆性技术和未来产业“卡脖子”技术突破为导向，培养和引进具有世界前沿水平的学科带头人。三是以国家重大战略关键领域和社会重大需求为导向，激发高等院校的学生面向国家战略需求的学术志趣，培养一批未来科学家和未来产业人才后备军。四是建立健全人才评价制度和柔性人才引进机制，形成促进科技创新和未来产业相关人才合理的流动机制，为国际交流合作创造便利条件和配套环境，以科技人才带动科技创新，提升科技创新内生动力。

第十章

我国未来产业发展的条件与存在的问题

“十四五”规划提出，要着眼于抢占未来产业发展先机，“谋划布局一批未来产业”“加速形成若干未来产业”，鉴于未来产业的重要作用，我国对未来产业的发展高度重视。目前，主要发达国家和地区正在着力推进本国未来产业发展规划与布局。丰富的要素基础、完备的产业体系、庞大的市场规模加上系统的改革路径，为我国未来产业发展奠定了坚实基础。虽然我国未来产业发展在创新资源、能力、研发组织、产业基础等方面的基础较好，但是体制机制上存在与未来产业发展不适应的地方。

一、我国未来产业发展的现状

近年来，新一轮科技革命和产业变革突飞猛进，不断孕育新技术、新模式、新业态、新产业。在此背景下，未来产业日益受到重视。一方面，国家发展和改革委员会、工业和信息化部、科技部等多次强调抓紧布局、培育发展未来产业，国家大数据战略、人工智能发展现状和趋势、区块链技术发展现状和趋势、量子科技研究和应用前景等前沿科技走进中南海，成为中共中央政治局集体学习的内容。由此，在国家层面相继出台了《国家创新驱动发展战略纲要》《大数据产业发展规划

（2016—2020 年）》《新一代人工智能发展规划》《数字乡村发展战略纲要》《新能源汽车产业发展规划（2021—2035 年）》等一系列规划、纲要，筹谋未来产业。另一方面，在地区层面，以北京、河北、湖南、安徽、江西、四川等为代表的地方政府也在加速谋划未来产业，并在各地"十四五"规划中明确提出要超前布局区块链、太赫兹、量子通信等未来产业链，前瞻布局量子信息、人工智能、工业互联网、卫星互联网、机器人等未来产业，实施未来产业培育工程等。

（一）我国正全面加速布局未来产业

《中共中央关于制定国民经济和社会发展第十四个五年规划和二〇三五年远景目标的建议》中明确了人工智能、量子信息、集成电路、生命健康、脑科学、生物育种、空天科技、深地深海等科技前沿领域，并明确要实施一批具有前瞻性、战略性的国家重大科技项目，这将是未来产业技术的重点前沿领域（见表 10-1）。在这些前沿科技和产业变革领域，组织实施未来产业孵化与加速计划，谋划布局，是我国未来产业发展的重点方向。2021 年，国家发展和改革委员会明确提出将重点在科教资源优势突出、产业基础雄厚的地区，布局一批未来产业技术研究院和先导示范区，推动形成未来产业策源地（中国网，2021）。

表 10-1　重点前沿领域对我国未来产业发展的意义与现状

重点前沿领域	发展意义与现状
人工智能	在全球范围内，人工智能无疑都是最前沿的技术之一。无论是智能制造，抑或者大数据等新型基础设施建设，都将对人工智能技术产生强大的需求。尤其是人工智能能够为制造提供颠覆性解决方案。目前，我国在智能制造方面已经开始积极开展试点

续表

重点前沿领域	发展意义与现状
量子信息	量子通信主要以量子态作为信息元实现对信息的有效传送，具有通信容量大、传输速度快等优点，随着“量子卫星”“京沪干线”等重大项目的建设，我国量子通信技术已跻身全球领先地位
集成电路	作为我国科技的核心短板，集成电路一定程度上成为目前呼声最高的领域之一。2020年，中国首所芯片大学——南京集成电路大学的诞生，标志着芯片产业的自主化正在加速
生命健康	疫情之下，尽管我国在极短的时间内扭转乾坤，但也应该看到的是，生命健康对于人民、国家都十分重要，近年来我国在生物医药技术方面取得显著成就，尤其是在中药有效成分萃取方面成绩显著，但是，我国生命科学领域仍然有相当大的进步空间
脑科学	大脑作为人体的核心中枢，具备着非常高的智能水平。一方面，脑科学的进一步发展，将对医治各种复杂的脑科、神经科等疾病带来新的契机；另一方面，以脑机接口、类脑智能等为代表的技术正在快速发展，将为人们的生产生活创造更高价值。目前，我国在此领域发展潜力加大，存在较大进步空间
生物育种	经历过蝗灾、疫情、洪涝灾害，全球农业无疑受到重创。因此，农业的进一步发展仍然刻不容缓，以杂交水稻等为代表的技术表明生物育种仍大有可为
空天科学	空天科学是目前科学的集大成者，能够对现代科学技术的各个领域提出新的发展要求，从而可促进和推动整个科学技术的发展。同时，空天科学能够为一些先进材料等领域带来新的发展，从而助推新一轮的工业革命。目前，我国在空间站建设与载人航天方面具有一定优势
深地深海	理论上讲，地球内部可利用的成矿空间分布在从地表到地下1万米，但目前世界最先进水平勘探开采深度方能达2500～4000米。因此，对深地深海的进一步探索也能够发掘更加丰富的资源，从而解决目前面临的能源问题。目前，我国在深海探测器和深海钻井平台制造方面具有一定优势

资料来源：笔者根据国家发展和改革委员会、科技部、工业和信息化部公开资料整理。

未来产业也成为地方政府在“十四五”时期重点布局的领域，多个省（区、市）的“十四五”经济社会发展规划中都明确提出加快布局未来产业（见表10–2）。例如，安徽省提出“实施‘3+N’未来产业培育工程，前瞻布局量子科技、生物制造、先进核能等产业”；浙江省提出“超前布局发展第三代半导体、类脑芯片①、柔性电子②、量子信息、物联网等未来产业，加快建设未来产业先导区”；山西省提出“重点培育未来数字、未来材料、未来能源、未来装备、未来生活等5大未来产业重点领域”。《长三角G60科创走廊建设方案》提出，“加快培育布局量子信息、类脑芯片、第三代半导体、基因编辑③等一批未来产业”。

表10-2　各地区“十四五”规划中有关未来产业的部署情况

地区	未来产业的部署
北京	量子信息、新材料、人工智能、卫星互联网、机器人等
天津	量子科技、先进材料等
河北	区块链、太赫兹、智能传感器、量子通信等
山西	量子通信卫星、数字货币、6G天线等
内蒙古	以智能经济为代表
辽宁	类脑智能、量子信息、基因技术、未来网络、深海空天开发技术、氢能与储能、增材制造、柔性电子、第三代半导体、石墨烯等
吉林	新型显示材料、激光通信、人工智能、激光雷达、新一代通信芯片、量子技术等
黑龙江	——
上海	第六代通信、下一代光子器件、脑机融合、氢能源、干细胞与再生医学、合成生物学、新型海洋经济等
江苏	第三代半导体、基因技术、空天与海洋开发、量子科技、氢能与储能等
浙江	第三代半导体、类脑芯片、柔性电子、量子信息、物联网等
安徽	量子科技、生物制造、先进核能等

① 类脑芯片不采用经典的冯·诺依曼架构，而是基于神经形态架构设计，以IBM Truenorth为代表。IBM研究人员将存储单元作为突触、计算单元作为神经元、传输单元作为轴突搭建了神经芯片的原型。当前，类脑AI芯片的设计目的不再局限于加速深度学习算法，而是在芯片基本结构甚至器件层面改变设计，希望能够开发出新的类脑计算机体系结构。

② 柔性电子（flexible electronics）是一种技术的通称，是将有机和无机材料电子器件制作在柔性、可延性基板上的新兴电子技术。相对于传统电子，柔性电子具有更大的灵活性，能够在一定程度上适应不同的工作环境，满足设备的形变要求。柔性电子技术产品以其独特的柔性、延展性以及高效、低成本制造工艺，在信息、能源、医疗、国防等领域具有广泛应用前景，如柔性电子显示器、有机发光二极管OLED、印刷RFID、薄膜太阳能电池板、电子用表面粘贴（skin patches）等。

③ 基因编辑（gene editing），又称基因组编辑（genome editing）或基因组工程（genome engineering），是一种新兴的、比较精确的、能对生物体基因组特定目标基因进行修饰的一种基因工程技术或过程。基因编辑以其能够高效率地进行定点基因组编辑，在基因研究、基因治疗和遗传改良等方面展示出了巨大的潜力。

续表

地区	未来产业的部署
福建	人工智能、区块链、泛物联网、量子科技、类脑科学、柔性电子、高效储能、无人驾驶等
江西	柔性电子、微纳光学、氢能等新能源装备、生物技术和生命科学等
山东	氢能与储能、量子信息、类脑智能、基因技术、深海极地、空天信息、极端环境新材料、未来网络等
河南	北斗应用、量子信息、区块链、生命健康、前沿新材料等
湖北	未来网络、量子信息、生命健康、生物育种、前沿材料、空天科技、海洋科技等
湖南	量子信息、6G技术、类脑智能、氢能核能利用、合成生物、低维材料、超材料、深海深地深空等
广东	区块链、量子通信、人工智能、信息光子、太赫兹、新材料、生命健康等
广西	生物工程、第三代半导体、人工智能、量子信息、氢能与储能等
海南	南繁产业、深海产业、航天产业
重庆	——
四川	人工智能、精准医疗、前沿新材料、核技术应用、高性能机器人、高端航空航天装备、氢能及燃料电池等
贵州	——
云南	人工智能、量子通信、卫星应用、生物技术等
西藏	——
陕西	人工智能、氢能、未来通信技术、北斗导航、生命健康等
甘肃	大健康产业、石墨烯产业、高分卫星、北斗导航、量子通信等
青海	——
宁夏	——
新疆	——

注：“——”表示该地区“十四五”规划中并未出现与未来产业相关的表述。

资料来源：根据各地区“十四五”规划内容整理得到。

值得注意的是，部分地区在“十四五”规划出台后，又紧密围绕当前经济发展新形势、新特征，更新并拓展了有关未来产业发展的部署。如北京市在《“十四五”时期高精尖产业发展规划》中提出了七个“未来前沿产业”布局领域，分别为生物技术与生命科学、碳减排与碳中和、前沿新材料、量子信息、光电子、新型存储器、脑科学与脑机接口；安徽省提出实施“4+N”未来产业培育工程计划，即前瞻布局量子科技、人工智能、未来能源、生物医药等未来产业，探索发展类脑智能、极限科技、超材料等一批未来产业；河北省在《制造业高质量发展“十四五”规划》中提出要超前布局区块链、太赫兹、类脑智能、量子信息、基因技术、未来网络、氢能与储能、合成生物、前沿新材料、第三代半导体、柔性电子等产业。

不仅如此，部分地区还出台了有关“未来产业发展”的专项规划。如山西省在2021年出台了《“十四五”未来产业发展规划》，确定了未来数字、未来材料、未来能源、未来装备、未来生活等5大未来产业重点领域中的“9745”共25个产业。上海市在2021年出台了《战略性新兴产业和先导产业发展“十四五”规划》，明确提出光子芯片与器件、基因与细胞技术、类脑智能、新型海洋经济、氢能与储能、第六代移动通信等未来产业重点突破方向①。深圳市在2022年出台了《关于发展壮大战略性新兴产业集群和培育发展未来产业的意见》，明确提出了合成生物、区块链、细胞与基因、空天技术、脑科学与类脑智能、深地深海、可见光通信与光计算、量子信息等未来产业重点发展方向②。

（二）部分领域已具备技术创新基础

未来产业是基于未来技术突破和场景应用而培育的新兴产业（沈华

① 值得提醒的是，上海市将集成电路、生物医药、人工智能、新能源汽车、高端装备制造、航空航天、信息通信、新材料、新型数字产业看作战略性新兴产业。

② 深圳市曾在2013年12月31日出台过《关于印发未来产业发展政策的通知》，其中将生命健康、海洋、航空航天等作为未来产业。我国较早出台相关意见或规划的城市还包括杭州市和沈阳市。如杭州市在2018年出台《关于加快推动杭州未来产业发展的指导意见》，提出了“人工智能、虚拟现实、区块链、量子技术、增材制造、商用航空航天、生物技术和生命科学”等率先探索布局的七大产业领域；沈阳市在2018年发布《未来产业培育和发展规划（2018—2035年）》，构建了“3+2”未来产业体系结构，选取“未来生产、未来交通、未来健康”3个主导产业和“未来信息技术、未来材料”2个赋能产业，选定智能机器人、生命科学、工业互联网、储能材料等17个重点领域。

和王晓明，2021），其突破性技术和颠覆性创新是未来产业发展的重要基础。近年来，国家重大科技基础设施500米口径射电天文望远镜（天眼）、全超导托卡马克核聚变实验装置（人造小太阳）、正负电子对撞机、未来网络试验设施（CENI）等国家重大科技基础设施相继建成。以量子信息和氢能为例，在量子信息领域，我国相关科技项目的布局和投入逐年增加，在科研团队、专利数量、知识产权布局和标准体系建设等方面建立了较好的实践基础和发展条件。科技部和中科院通过自然科学基金、国家重点研发计划和战略先导专项等科技项目，支持量子信息基础研究（中国信通院，2020）。目前，我国量子通信专利储备位列世界前列，成为专利申请受理最多的国家。据统计，2021年，全球47%的量子通信技术专利申请来自中国，24%来自美国，12%来自日本（张倩和李文宇，2020）。2016年8月，我国完全自主研制的世界上第一颗空间量子科学实验卫星“墨子号”发射升空，通过卫星和地面站之间的量子密钥分发，有效实现星地量子保密通信，为我国未来构建天地一体化量子保密通信网络提供可靠的技术支撑（吴晶晶等，2016）。在氢能领域，制储运等环节技术进步显著，我国碱性电解槽技术处于国际先进水平；质子交换膜电解槽技术实现了“从无到有”，单槽功率已经达到兆瓦级，处于国际领先水平（符冠云等，2021）。空间技术方面，2021年以来，我国载人航天工程已成功实施空间站关键技术验证阶段五次飞行任务，目前，核心舱组合体在轨稳定运行，神舟十三号航天员乘组状态良好，已返回地面，空间站建造关键技术得到全面验证，之后继续扎实推进。集成电路方面，2021年11月，由国防科技大学、湖南大学、中南大学和中国电子科技集团公司第四十八研究所、泰科天润等科研单位、企业共建的国家第三代半导体[①]技术创新中心（湖南）落地长沙。

（三）部分项目将进入商业化新阶段

一方面，部分与未来产业相关的重大项目相继落地。以量子通信和未来网络建设为例，2017 年 8 月，由国家发展和改革委员会牵头组织的国家量子保密通信“京沪干线”项目通过总技术验收，该项目建设完成了全长 2000 余千米的量子保密通信骨干线路，构建起了金融、政务领域的远程或同城数据灾备系统、金融机构数据采集系统等智慧城市建设管理应用示范（中国科学技术大学量子信息与量子科技创新研究院，2021）。2021 年 4 月，国家重大科技基础设施“未来网络试验设施”项目的重要组成部分——未来互联网试验设施（简称 FITI）高性能主干网正式开通，致力于对互联网核心关键技术的探索和实践。未来网络试验设施分别从网络演进和变革两个角度，着力攻克传统网络难以解决的技术瓶颈，现已初步具备“分钟级”按需定制网络能力、“微秒级”确定性抖动保障服务能力、“千万级”大规模多云交换服务能力、“TB 级”智驱网络安全防护能力，将支撑实体经济对网络差异化服务、确定性、低时延的特性需求，满足“十四五”期间国家关于下一代互联网、网络空间安全、天地一体化网络、工业互联网等方向战略性、基础性、前瞻性创新试验与验证需求，以及全社会新技术、新产品与新应用的创新需求。

另一方面，领先企业正在加速推进未来产业布局。以量子信息为

---

① 第三代半导体材料以氮化镓（GaN）、碳化硅（SiC）、氧化锌（ZnO）、金刚石应用为四大代表，具有更宽的禁带宽度、更高的导热率、更高的抗辐射能力、更大的电子饱和漂移速率等特性，更适合于制作高温、高频、抗辐射及大功率电子器件，在光电子和微电子领域具有重要的应用价值。目前，5G 基站、新能源汽车和快充等都是第三代半导体的重要应用领域。

例，在量子计算领域，阿里巴巴、腾讯、百度和华为等企业纷纷成立量子实验室，布局量子处理器硬件、量子计算云平台、量子软件及应用开发等领域。在量子通信领域，三大运营商积极推动量子通信的应用落地，不断提升行业安全标准。在量子测量领域，成都天奥从事时间频率产品的研发，中电科、航天科技、航天科工和中船重工集团下属的部分研究机构正逐步开展相关研究。在新能源利用方面，自我国将氢能写入政府工作报告以来，氢能产业已经成为资本市场和产业经济关注的重点，就氢能而言，我国已初步布局了涵盖制氢、储运、加注、应用等环节的氢能产业链（王轶辰，2019）。领先企业积极开展氢能战略合作，引领氢能产业发展。例如，2019 年 10 月，阳光电源与中科院大连物化所共同成立“PEM 电解制氢技术联合实验室”，以大功率 PEM 电解制氢装备的研发为核心深入合作。2020 年，宝武集团积极推进氢能产业发展，与重塑科技等民营企业开展氢能战略合作，并已成功运营 10 辆氢燃料电池半挂牵引车，宝武集团打造氢能供应链的同时，正在探索发展氢冶金。2020 年，国际顶级制氢储能项目在宁夏开工，项目完全建成后年产氢气将达到 1.6 亿标准立方米，每年可减少煤炭资源消耗 25.4 万吨，实现减少二氧化碳排放 44.5 万吨（周小苑，2020），项目的建成将有利于氢能利用的推广和我国“双碳”目标实现。截至 2021 年 7 月 1 日，中国已累计建成加氢站 165 座（势银能链，2021）。当前我国氢气产能约每年 4100 万吨，产量约 3342 万吨，是世界第一产氢国（中国氢能源及燃料电池产业创新战略联盟，2021）。

二、我国发展未来产业的优势

我国发展未来产业与发达国家存在较大差异，丰富的要素基础、完备的产业体系、庞大的市场规模加上系统的改革路径，为我国未来产业发展奠定了坚实基础。未来产业的发展由基础科学的突破开始，涉及产品原型开发、工程化商业化、大规模生产和市场销售等一系列过程，每一过程都有其内在发展规律，需要相应的要素条件和外部环境支撑。我国在未来产业发展的各个阶段都有独特的优势予以支持。

（一）体制机制优势

现代科学的许多研究离不开昂贵的科研仪器以及各种耗材，投入巨大。未来产业肇源于基础科学的重大突破，一些前沿技术的基础研究刚刚起步，需要长期的投入，再加上科学研究的公共物品性质以及科技成果商业转化的高不确定性，企业在基础研究上投入的动力不足，因此未来产业的发展需要国家在重大科学装置、重点科研项目上长期、持续的投入。前沿技术产业化过程中小试、中试的资金及人才投入更为可观。世界主要国家对未来产业的战略布局，根本上是将资源向未来产业领域进行倾斜，对未来产业支持政策的效果既取决于未来产业的方向选择是否准确，还取决于能够集中多少资源，能否高效地集中和利用公共资源。

我国最大的优势是社会主义制度能够集中力量办大事。这是我们成就事业的重要法宝。过去我们取得重大科技突破依靠这一法宝，今天我们推进科技创新跨越也要依靠这一法宝。集中力量办大事的决策效率高，明确目标后可以迅速调动、集中未来产业实施所需要的各种资源。在研发环节，能够集中力量建设大科学装置，组建适应未来产业发展需要的新型研发机构；在产业化环节，能够调动中央企业和地方国有企业将科技创新和产业发展向未来产业领域倾斜；在地方层面，能够引导地方政府加大对未来产业的支持，全国形成支持未来产业发展的合力。

（二）企业主体优势

在未来产业发展过程中，具体的技术路线、应用场景具有很高的不确定性，在未来产业实现大规模产业化之前，很难预测哪种主导设计会最后胜出、哪些应用领域具有经济价值。在现实经济世界，由于科学家、工程师的专业、经历和天赋不同，企业的资源、能力差异，他们会以不同的视角对技术和市场的前景进行研判，从而选择不同的技术路线和市场进行投入。因此，当一个国家存在大量的异质性的科学家、工程师和企业的时候，就有更高的概率选对最终能获得成功的技术路线和市场机会。技术和市场越新颖，不确定性就越高，就需要越多的参与者。大量的创新和市场主体是未来产业成功的保障。

我国是世界上人口最多的国家，经济体量居世界第二位，拥有数量众多的大学、研究机构和科学家、工程师队伍，拥有世界最多的市场主体。截至 2022 年 4 月底，全国登记在册市场主体中企业 4991.9 万户，个体工商户 1.06 亿户，农民专业合作社 222.4 万户。相比之下，美国、日本、德国、英国、法国的企业数量处于 200 万 ~500 万户之间。制造业是未来产业的主要领域。发达国家制造业比较成熟，各细分行业呈现市场份额集中于少数头部企业的特征。中国由于产业发展时间短且增长速度快，因此细分市场中的企业数量较多，这虽然在一定程度上造成过度竞争，但也提供了当未来产业进入大规模产业化后对不同技术路线进行探索的空间。比如在动力电池领域，三元材料、磷酸铁锂、钴酸锂、锰酸锂、氢燃料电池等不同技术路线在我国长期并存。

（三）科技创新优势

未来产业是由前沿技术的创新所推动的，其商业化和大规模产业化过程也需要进行持续的技术创新，因此一个国家的科技创新资源和能力成为影响未来产业发展的关键变量。随着我国各级政府持续加大对教育、科技创新方面的投入，我国科技人才队伍不断扩大，科技创新能力不断增强。

我国已经形成一支规模大、素质高的科学家和工程技术人才队伍，并且在科技创新领域的资金与人力投入持续快速增长。R&D（research and development）经费内部支出从 2001 年的 1042.5 亿元增加到 2020 年的 24383.1 亿元，是 2001 年的 23.4 倍；其中，企业 R&D 经费内部支出从 630.0 亿元增加到 18673.8 亿元，是 2001 年的 29.6 倍。中国 R&D 投入强度从 2001 年的 0.94% 提高到 2019 年的 2.24%（2021 年达到 2.44%），已经超过英国（1.76%）、法国（2.20%）、加拿大（1.59%）、意大利（1.47%）、荷兰（2.18%）、葡萄牙（1.40%）、西班牙（1.25%）等许多发达国家，达到中等发达国家水平。2001 年至 2020 年间，我国 R&D 人员全时当量从 95.65 万人年快速增加到 523.45 万人年，其中基础研究从 7.88 万人年增加到 42.68 万人年，分别是 2001 年的 5.47 倍和 5.42 倍。随着科技投入的持续增长，我国科技创新的产出已经居于世界前列。中国的 ESI 论文数量、被引用次数仅低于美国，居世界第二位，

2020 年 PCT 专利申请量超过美国居世界第一。我国已经涌现出以华为、国家电网、腾讯、阿里巴巴等为代表的一批世界领先的创新型企业。持续增长的研发投入、高素质的科学家和工程师队伍、创新活跃的企业为我国前沿技术创新和未来产业发展提供了有力支撑。

（四）科技基础设施优势

国家重大科技基础设施，有时也称大科学装置，是指为提升探索未知世界、发现自然规律、实现科技变革的能力，由国家统筹布局，依托高水平创新主体建设，面向社会开放共享的大型复杂科学研究装置或系统，是为高水平研究活动提供长期运行服务、具有较大国际影响力的国家公共设施（王贻芳，2022）。国际上，重大科技基础设施建设起源于第二次世界大战时期的美国，至今已有 80 多年的历史。长期以来，欧、美、日等主要发达国家和地区都高度重视重大科技基础设施的建设与发展，将其视作本国科技的核心竞争力，持续加大投资力度，加强设施建设和战略布局，保持、培育和发展领先优势。

我国重大科技基础设施建设起步于 20 世纪 60 年代，60 多年来，走过了从无到有、从小到大、从跟踪模仿到自主创新的艰难历程。近年来，将重大科技基础设施作为国家创新高地建设的核心内容，特别是依托设施集群，建设上海张江、安徽合肥、北京怀柔和粤港澳综合性国家科学中心。目前，我国在建和运行的重大科技基础设施项目总量达 57 个，部分设施综合水平迈入全球“第一方阵”，推动我国粒子物理、凝聚态物理、天文、空间科学、生命科学等领域部分前沿方向的科研水平迅速进入国际先进行列，同时重大科技基础设施在建设和运行过程中，集聚和培养了一大批懂科学、懂技术、懂工程、懂管理的领军人才。未来产业是由前沿技术的突破所推动的，我国在大科学装置上的布局和领先地位能够为我国未来产业发展提供具有商业化前景的备选技术，使我国未来产业能够在全球范围内领先布局，抢占发展先机。

（五）产业配套优势

随着科学技术的发展和生产迂回程度的提高，现代科技所形成的产品大多具有复杂的产品架构，或者需要经由复杂的生产设施制造出来。未来产业的技术创新涉及多学科知识的融合，商业化和大规模产业化需要国民经济多个行业的支持，完善的产业配套对于未来产业的发展至关重要。

一方面，前沿技术的工程化过程需要国民经济相关行业的企业提供设备、原材料、零部件，提供检验检测、模具甚至产品原型制造等服务，在此过程中需要推动前沿技术工程化的企业与配套企业进行频繁的交流沟通，开展合作共同进行产品开发和工艺设计，往往还需要配套企业为其重新开发、设计和生产原材料、零部件等投入品，前沿技术与配套技术的共同演进推动未来产业进入商业化和大规模生产阶段。技术合作往往需要面对面的交流和现场的协作，企业间的跨国合作需要花费大量的时间和成本，效率比较低下；相反，与国内甚至周边企业合作则可以显著提高合作创新的效率，成本也更低，有利于前沿技术更快地进入产业化阶段。

另一方面，前沿技术进入大规模生产阶段后，会产生对原材料、零部件、生产设备、科学检测仪器、各种生产性服务等的大量投入需求，如果能在较小的地理空间半径中完成采购，不但能够降低采购成本、提高供应链响应速度，而且还能够通过与周边配套企业的紧密合作，在大规模生产的过程中持续推进技术创新，提高产品质量、降低生产成本，使产品更具市场竞争力。我国拥有世界上最齐全的产业门类、最完整的产业链条、最完善的产业配套体系，能够将新产品快速大规模产业化并在产业化过程中持续改进工艺、降低成本、提高性能的“创新型制造”是我国制造业的显著优势所在。我国在长三角、珠三角、环渤海等地区形成了许多具有国际竞争力的专业化产业集群，根据世界知识产权组织的报告，深圳—香港—广州、北京在世界领先科技集群中分别居于第二位和第三位。通过依托产业集群发展，可以进一步发挥集聚效应，更快地促进前沿技术向大规模生产阶段的转化，并有利于增强最终产品的综合竞争力。

（六）市场规模优势

前沿技术的产业化和未来产业的发展是技术推力与市场拉力共同作用的结果。前沿技术的大规模产业化不仅取决于技术的先进程度、成熟程度，也取决于该项技术形成的产品是否有足够大的市场需求，能否为企业带来足够的利润。市场规模是决定未来产业发展的重要因素，我国支撑未来产业发展的市场规模优势表现在三个方面。

一是超大规模的国内消费市场。我国社会消费品零售总额已非常接近美国，已经成为仅次于美国的全球第二大消费市场。2021 年人均国内生产总值 80976 元，接近高收入国家门槛，随着经济保持中高速增长，居民收入和消费支出也将持续增长，同时居民消费还将向更高品质、更高性能的商品和服务升级，将会更好地契合未来产业的市场定位。

二是超大规模的国内产业市场。我国已经是世界第二大经济体，由于经济仍然保持中高速增长，所以也是名副其实的增量大国，2021 年我国国内生产总值达到了 114 万亿元，占全球经济的比重达 18% 以上。

中国还是世界第一大工业国和制造国，2021 年制造业增加值占 GDP 比重达到了 27.4%，连续 12 年位居世界首位。而且我国产业的创新能力持续增强，不断向高质量转型升级。国民经济各个产业之间形成错综复杂的投入—产出关系，一个产业生产活动的开展需要一系列相关行业为其提供生产设备、原材料、零部件、服务等。巨大的且持续升级的产业为未来产业的发展提供了有力的市场需求支持。

三是超大规模的出口市场。我国是世界第一大出口国，2021 年货物出口 217348 亿元，比上年增长 21.2%，服务出口 25435 亿元，比上年增长 31.4%。近年来，中国企业“走出去”投资的步伐加快，特别是“一带一路”倡议持续推进，与“一带一路”沿线国家和地区的合作不断深入。在出口和投资的过程中，中国产品获得国际市场的普遍认可，中国企业在海外建立起完善的分销网络和生产网络，为今后未来产业产品和服务的出口打下良好的基础。

我国超大规模市场一方面为前沿技术的工程化提供了充分的市场支持，另一方面，也能够容纳更多的技术路线竞争，多条技术路线都能在足够大的市场支持下不断演进，具有应对技术创新和应用场景不确定性的韧性。一条技术路线失败了，市场能够支持其他技术路线成为最终的胜利者，避免出现由于一家企业点错“科技树”造成整个产业发展出局的局面。

三、我国未来产业发展存在的短板与问题

当前，未来产业已成为衡量一个国家科技创新和综合实力的重要标志。主要发达国家通过积极筹建未来产业专业研究机构，加强了对人工

智能、量子科技、先进制造、未来通信、医药健康等前沿领域的布局和研发投入力度（曹方等，2022）。未来产业是当今我国能够和国际创新保持同步的为数不多的重大创新机会之一。虽然中国发展未来产业在创新资源、能力、研发组织、产业基础等方面的条件基础较好，但是仍然存在与未来产业发展不适应的地方，面临底层技术原创性不足、创新空间日渐狭窄、人才储备与培养不足等问题。

（一）产业基础能力有待提升

产业基础能力主要是指核心基础零部件（元器件）、关键基础材料、先进基础工艺、产业技术基础。多年来，产业基础能力不强成为制约我国产业发展的最大瓶颈。

在未来产业领域，我国核心技术、装备、原材料与国际先进水平尚存在差距。在硬件方面，我国是世界第一的电子产品制造大国和造船大国，但是大部分的高端芯片、工业机器人与人工智能核心零部件、航空航天动力系统及装置产品依赖进口。在软件方面，随着互联网、大数据和人工智能的发展，传统服务业领域的基础能力越来越重要，特别是基础软件方面，集成电路设计软件、操作系统、数据库、人工智能算法的重要性甚至超过了不少工业基础能力。国内代表性企业，如腾讯、阿里巴巴、华为、字节跳动、百度等，在软硬件研发、生态建设等方面仍落后于全球先进水平（李晓华和王怡帆，2021）。以量子信息和氢能为例，我国量子计算领域的前沿研究、样机研制和应用推广与欧美存在较大差距；就氢能而言，我国在氢能自主技术研发、装备制造、基础设施建设等方面仍有待提升。

（二）关键性技术面临发达国家封锁

目前以5G、人工智能为代表，全球各国对“未来技术”主导权、“未来产业”主导权的争夺战愈演愈烈，同时叠加疫情全球大流行带来的全球经济危机、贸易保护与逆全球化带来的全球治理危机等复杂局面，中国正处在一个全新的国际环境和历史拐点之上。相对于传统工业经济，未来产业引领的新经济具有几何式爆发增长的特征，以美国为首的部分国家和地区担心一旦在5G、人工智能这些关键技术领域失去领先优势，将一发不可收拾地被中国越甩越远，进而在未来经济社会变革、生产生活方式革命上被拉开差距。在战略设计上，美国瞄准的是数字经济、智能经济等代表未来前沿领域的新经济形态，选择的打击目标是中国最市场化、最具创新活力的民营公司，意在消灭最具威胁的潜在竞争对手，阻碍中国未来产业的发展。在战术选择上，美国采取了“伤敌一千自损八百”的硬脱钩策略，基本逻辑是将高科技生态圈对华全面关闭和物理隔离。科技创新与未来产业的发展模式已从链式创新走向生态创新，而当前在最重要的几大未来产业细分领域，全球创新生态几乎均由美国公司所主导，包括半导体（高通）、互联网（Google，谷歌）、智能终端（Apple，苹果）、社交平台（Facebook，脸书）、4G网络（AT&T）等。未来产业从上游的材料、芯片、元件，中游的设备、系统、终端，到下游的应用与服务，中国企业都有不同程度的介入，但是美国等发达国家和地区试图以切断其国际供应链为手段，把中国公司从未来产业的国际创新生态中剔除，其看重的不是企业丧失中方订单的一时之困，而是巩固远期美国继续掌握未来产业的技术先导权、产业主导权和生态话语权。另外，以欧、日、韩为代表的发达国家和地区，或者工业化水平较高的国家和地区，在制造业上很多采用了美国的技术和标准，以至于美国可以按照使用美国技术的占比实施“长臂管辖”，在未来产业领域，很多其他国家和地区出现的新技术企业往往被美国扼杀在摇篮之中。

（三）产业创新生态有待完善

未来产业的发展路线不再是传统产业的线性生长，而是生态式生长，除了本领域的专业化前沿技术，数据作为新的生产要素将在未来产业的演进发展中充分发挥作用。由于创新的成果可能在任何阶段出现，也可能在多个阶段同时出现，以及创新周期的大大缩短，未来产业的生命周期将出现颠覆性变化。由于新时期未来产业的新特点，发展未来产业所需要的创新不再是传统链式的正向线性创新，而是从市场出发、场景驱动的逆向生态式创新，也可称为“创业式创新”。逆向创新需要科学家、创业者（企业家）、投资人、政府等各方主体的共同参与，这就要求创新围绕着新经济场景进行。新经济场景指由新兴技术的大规模落地应用所催生的、能够给人们带来颠覆性影响的新生产方式、新服务形式和新消费模式，如无人工厂、智能定制、无人零售、共享出行、在线问诊、互联网教育等。

中国未来产业尚处于发展初期，产业规模小，技术发展具有高度不确定性。与成熟产业相比，未来产业的创新生态体系尚不完善。一方面，未来产业的发展将产生对原材料、零部件、生产设备、工业软件等的大量需求，需要完整产业体系的系统支撑。另一方面，未来产业的基础设施、技术标准、检测认证和监管体系不健全，缺少统一战略规划和顶层设计。具体表现在三个方面。一是政策引领扶持保障不系统，由于地区之间发展程度不同，各项产业之间的定位也存在差异，导致政府无法对所有产业全面扶持，不同产业的创新行为与创新能力参差不齐；二是内部产业合作机制不完善，破坏了产业技术创新生态系统的稳定状态，产业技术创新的前瞻性决定了单个企业特别是中小型企业必然无法单独完成系列技术创新互动，企业在合作的过程中就会存在因利益冲突所引发的矛盾与风险，在没有良好协调方式的情况下，使得产业技术创新受到利益的影响无法进行；三是技术创新资源转化不平衡，目前来说，企业科研部门、高校以及科研院所等机构是创新资源的主要来源，集中了人才队伍、硬件设施等资源，但在技术创新的系列成果转化上存在一定的制约，对于技术的本身是否直接生产、供给需求情况、应用前景以及其他限制性因素，企业无法作出判断，权衡是否可以负担。以氢能产业为例，全国性的氢能发展战略规划尚未出台，作为重要基础设施的加氢站建站标准法规、政策体系还不健全。

（四）科技创新创业人才供给不足

创新人才是技术和产业发展的关键，对未来产业发展至关重要，而我国基础研究和应用研究人才比例较低，尤其缺少跨界型、复合型人才，我国关键核心技术领域的高水平人才队伍优势尚不显著，还亟须培养、引进、使用大量战略科技人才、一流科技领军人才和创新团队。

《中国科技人才发展报告（2020）》显示，2020 年，我国企业 R&D 人员增速放缓，R&D 人员投入强度（万名就业人员中 R&D 人员全时当量）、R&D 中的研究人员占比与世界主要国家相比仍有不小差距，科技人才的整体质量和结构有待进一步提高。智能制造代表了先进制造与新一代信息技术的深度融合，根据人力资源和社会保障部数据分析，2025

年智能制造领域人才需求为900万人，人才缺口预计达450万人[①]。中国人民大学中国就业研究所发布的《2020年第二季度应届生就业市场景气报告》也显示，分行业和职业来看，新职业、新基建人才缺口较大。以人工智能工程技术人员为例，根据人社部发布的相关报告测算，我国人工智能人才目前存在较大缺口，国内供求比例为1:10，供需比例严重失衡[②]。与此同时，未来产业的发展需要将前沿科技成果、工程化样机进行商业化开发，除了依靠市场中现有企业外，创业型中小微企业是探索未来产业商业化方向和应用场景的更为重要的力量。虽然近年来在国家政策的支持下，我国创新创业活动比以前更加活跃，但是与发达国家和地区相比还存在较大差距。

（五）投资运作效率和风险管理水平较低

未来产业的技术密集和资本密集性突出，具有较强的风险性和长期性特征，因此，其针对未来产业风险投资运作和风险管理具有较高的要求。

一方面，由于未来产业技术具有前沿性高、迭代速度快和发展路线具有较大的不确定性的特征，在未来产业投资运行过程中，负债端和资产端都会给其造成一定程度的压力。对于资产端来说，要想找到具有较强增值潜力的未来投资项目难度较高；对于负债端来说，资金筹措的难度系数非常高，吸引社会资金的过程中会遇到重重困难，使得部分未来产业风险投资很难在短时间之内将运行效率提升到最佳

① 数据来源：上海市人工智能技术协会和商汤智能产业研究院2021年联合发布的《数字化转型白皮书：数智技术驱动智能制造》。

② http：//www.cier.org.cn/UploadFile/news/file/20200422/20200422222038713872.pdf。

水平。

另一方面，对于国内的未来产业投资而言，存在投资被挤占和关联风险的情况，中央与地方政策方向与支持力度不一致导致未来产业投资不足，国内产业投资具有明显的项目化特点，以地方经济建设项目的投资为核心，对基础设施、国有企业项目标的投资意向十分明显，使得政策性银行针对未来产业投资的基本功能被削弱；受限于地方配套资金政策的倾向性，产业投资具有明显的地方政府部门融资平台的倾向，导致针对未来产业投资在地方产业结构中的作用效果出现了明显的下降。

同时，地方产业投融资模式为“投资 + 贷款”的联动方式，受该联动模式的影响，债权融资与股权融资易于被混淆，导致保险、银行、信托和国企等组织机构也被牵扯其中，产业投资管理问题越来越混乱，增加了未来产业投资关联风险的危险系数。另外，应该意识到，在抓紧布局和发展未来产业，进一步发挥科技对经济社会发展的引领作用的同时，不能为了解决“卡脖子”的问题而违背市场规律和创新规律去盲目立项、重复投资。

第十一章

推动未来产业发展的政策建议

“十四五”时期是立足新发展阶段、贯彻新发展理念、服务新发展格局的关键时期，推动我国未来产业高质量发展是践行“三新”要求的必然选择。本章以“科技创新—市场主体—应用场景—生态系统—科技伦理—体制机制”为主线，突出未来产业发展的重点领域和政策安排，提出面向重点领域和重大需求、高能级平台体系、跨产业技术融合等科技创新政策，面向龙头企业和中小企业融通创新的市场主体政策，面向新型产业形态等多元应用场景政策，面向新基建及应用生态、要素市场化配置等生态系统政策，强化开放式创新的国际国内合作政策，面向人才引培、科技体制、财税金融的体制机制优化政策。

一、提升科技创新策源能力，打造未来产业高质量发展新引擎

（一）面向前沿领域和重大需求，加强前沿技术和“硬科技”创新布局

一是突出关键共性技术、前沿引领技术、现代工程技术、颠覆性技术创新，推动产业绿色化、智能化、定制化发展，为建设服务国家重大

战略提供有力支撑。二是加强对基因技术、量子科技、智慧医疗、类脑智能等前沿科技基础研究的支持，围绕基础材料、核心零部件、重大装备、先进科学仪器和检验检测设备、工业软件等存在重大产业安全隐患的领域或严重制约产业发展的产业链关键短板和痛点布局创新链，以夯实基础研究为依托，强化应用基础研究。三是加大对“硬科技”的创新投入的支持力度，围绕未来产业新赛道加快谋划布局重大科学工程，在类脑智能、量子科技、基因技术、元宇宙、未来网络、深海空天开发、氢能与储能等前沿科技领域推进国家大科学计划，鼓励重点地区加大对大科学装置等重大科技基础设施投入，大力推动国家重点实验室建设，支持跨地区开展多学科协同研究，探索组建联合实验室和实验室联盟，加快构建新型实验室体系，主动争取承担和突破国家“卡脖子”核心技术攻关，实现原创技术引领性突破，支持各地围绕禀赋优势打造细分领域的标志性产业。

（二）构建高能级创新平台体系，推动产业链创新链融合发展

一是加快布局重大科技创新平台，新建和完善一批产业创新中心、技术创新中心、工程研究中心、互联网双创平台、未来工业技术平台、未来工厂试验平台、测试平台等创新基础设施，夯实技术创新基础；加快建设以国家实验室和重大科技基础设施集群为代表的战略科技平台，鼓励重点地区积极申报创建综合性国家科学中心，强化国家战略科技力量，布局大装置、大平台、大机构、大团队，搭建要素与科技深度链接的桥梁，重点面向未来抢占科技创新和产业发展制高点。二是充分发挥高等院校和科研院所作用，围绕未来产业发展方向，引导大院大所和行业龙头企业共建产学研创新联合体，加大力度吸引世界500强企业设

立研发中心，加快形成龙头企业牵头、高校院所支撑、各创新主体相互协同的创新联合体，围绕基础科学和前沿技术进行突破性研究，发展高效强大的共性技术供给体系，强化产业创新支撑，力争在前沿引领技术和关键共性技术上实现更多“从0到1”的突破，在前沿优势领域实现更多“从1到N”的突破。三是重点围绕数字经济、航空航天、生命医学、新能源汽车、智能制造、能源环保等产业领域，前瞻打造定位科学、业态鲜明、功能突出、场景完善的特色未来产业专业园区，加快形成一批未来产业赛道，打造一批新型研发机构，增强技术研发功能，着力提升未来产业关键共性技术供给能力。

（三）加强跨产业技术融合，推动优势产业、前沿技术向未来产业转化

一是将政策资源导向科技服务体系建设，完善科技服务体系。重点支持国家实验室围绕国家重大科技和产业发展使命跨学科、大协作开展战略性研究，进一步推动国家重点实验室、国家工程实验室、国家工程技术中心等开放运行及其科研设施的共享；建立发展定位清晰的共性技术研发机构与服务平台，建立集供需信息收集、信息咨询、技术咨询与技术服务、匹配合作者、交易项目的受理与评估、专利保护咨询等多种服务功能于一身的公共技术综合服务平台。二是打造“基础研究—技术攻关—成果转化”的科技创新生态链，加快建设“一带一路”国际技术转移中心，培育一批市场化专业化科技服务机构和技术经纪人队伍，支持高校、科研院所设立专业机构推进科技成果转移转化，探索推进高校、科研院所科技成果中试熟化，促进国家大学科技园等产学研融合主体提质升级。三是通过税收激励等措施调动企业自主研发积极性，推动关键技术创新要素市场化配置，实施关键核心技术“赛马”制和“揭榜

挂帅”制，强化创新链与产业链对接，推动科研机构按照产业需求进行创新和科技成果转化，提高产业链关键环节的科技供给能力，助推电子信息、汽车、高端制造、生物医药等优势产业向未来产业升级转化。四是充分发挥数字经济的产业赋能作用，鼓励互联网平台企业应用数字技术助力未来产业发展，大力发展智能网联汽车、XR 扩展现实等数字赋能型新兴产业，支持龙头企业将较为成熟的工业互联网平台对产业链上下游开放，提高全行业数字化水平，促进产品形态和商业模式创新，发挥数据作为新型生产要素的价值，加快推进数字未来产业发展。

二、做大做强做优市场主体，筑牢未来产业高质量发展新基础

（一）加大对企业的资金支持力度，有效激发市场主体“双创”活力

要充分发挥政府资金的引导撬动作用，多措并举积极鼓励社会资本参与投资。一是围绕基因技术、量子科技、类脑智能、元宇宙、绿色能源等领域引导设立面向未来产业的专业孵化基金，孵化培育一批重大技术项目、产业项目和领军创新团队，培育一批处在未来产业技术前沿的种子企业。二是强化地区性产业创新配套性政策保障机制，在国家统一的小微企业税收优惠基础上适度加成，扩大提前享受研发费用加计扣除政策适用范围，适度提高获得原创性和突破性创新成果的研发费用加计扣除奖励力度。三是设立长效机制落实对中小企业，特别是民营企业的信贷支持，推动中小企业逆周期加大技术创新投资，实施内需和外需双

向联动式发展；结合部分未来产业领域“高杠杆、轻抵押物”的特点，选择一批发展潜力大、负债高的企业积极开展“债转股”试点，依靠市场科学转移高杠杆风险，降低融资成本；探索通过长期债券转股权等方式引入长期资金，解决基金资金期限和项目建设运营期限不匹配问题；适度调整融资结构，加大股权、债券等直接融资比例，降低信贷融资规模增速，积极推进成熟的创新型企业在科创板、新三板上市。

（二）优化企业培育梯度，以大、中、小企业融通带动未来产业发展

一是积极促进大企业提早布局谋划未来产业，发挥大企业在产品架构设计、产业发展方向等方面的主导和引领作用，鼓励行业龙头企业加大自主研发力度，整合高校院所、各企业创新资源组建创新联合体，加强面向未来产业形态的新技术创新和新产品开发，带动产业链中的配套中小企业进行零部件等中间投入品的创新开发，推动“技术＋市场＋运营”三位一体式协同发展；强化对行业龙头企业特别是大型互联网平台企业的监管，遏制垄断和不正当竞争行为。二是广泛开展“双创”活动，加大对企业的科技创新和人才培养力度，鼓励中小企业向“专精特新”方向发展，在重点行业打造一批独角兽企业和高科技企业，发挥中小企业在前沿技术和适应新市场需求方面探索的优势，开发生产更具全球技术竞争力和更符合未来发展方向的新产品，培育“中国创造”竞争优势。三是以补技术短板与促产业升级为目标，鼓励各地结合自身优势针对未来产业招商引资，提前布局赛道，明确未来发展的“新兴＋重点”领域，通过激发市场需求助推未来产业和技术进步；因地制宜调整招商引资目标和方向，通过“精准招商＋自主培育”模式，以龙头企业为核心、延链补链强链为重点、生产要素集中为保障，吸引国内外一流

研究团队和双创企业，聚焦前沿新兴科技，培育未来产业生力军。

三、前瞻创造多元应用场景，构建未来产业高质量发展新阵地

（一）以培育新型产业形态为动力，持续营造未来产业早期应用场景

一是以实现“场景兴国”为目标，支持重点企业牵头联合高校院所组建技术创新中心、产业创新中心、制造业创新中心、企业技术中心、工业设计中心（设计院）、重点实验室、新型研发机构等创新联合体，研究设立未来产业技术研究机构，提供产业技术整体解决方案，推动未来学研究机构的发展和未来学家的成长，重点在国防、科学、工程等领域培养一支战略科学家队伍，提高面向未来准确提出前瞻性需求的能力。二是支持国家创新型城市、自主示范区集中对前沿新技术产业化开展应用场景试验，设立具有前瞻性的创新试点示范项目先行先试。三是根据经济和社会发展需要，基于资源禀赋、产业基础和比较优势，支持各地聚焦重点领域发展未来产业，大力推动数字经济与实体经济深度融合，加强以新一代信息技术为核心的新型基础设施建设，包括新型基础设施的试点示范、对早期用户提供购买补贴，增强消费者的认知和信心，引导社会需求、激发消费潜力，在培育壮大早期用户的同时，促进前沿技术的价值实现和回流，提升未来产业的自生能力。

（二）以培育新模式新业态新产品为目标，持续营造前沿技术应用孵化场景

一是逐步打造“社会需求牵引 + 未来场景实验室 + 创新应用实验室 + 创新研发、孵化试点、示范推广”的场景全周期孵化机制，以社会需求为牵引，探索在北京、上海、深圳、杭州等地建设“5G + 智慧城市”“数字孪生 + 智能生产”“绿色能源 + 未来交通”“元宇宙 + 智慧商业”等未来城市场景试验区，优先实施生命健康、区块链、元宇宙、人工智能等科技成果转化计划，有效整合科技研发资源，全面打通基础研究、应用开发、成果转化及产业化链条，带动优质创新资源集成攻关和产品孵化转化。二是重点支持创新型企业参与未来产业应用场景建设，促进创新成果在开发区场景体系先行示范、集成应用，提升相关领域管理服务水平，建设具有影响力、号召力、吸引力的“场景城市”，将应用场景打造成为高精尖创新成果“从涌现到实现”的战略平台。三是加强对未来产业应用场景新技术产品的梳理和挖掘，大力支持技术创新型企业通过公开招标、定向委托、“揭榜挂帅”等方式灵活参与市场需求项目，开展新技术、新模式、新业态、新产品融合创新的场景实测和市场验证。四是充分依托国家创新城市评选、国家自主创新示范（试验）区试点等政策，鼓励企业围绕生命健康、量子科技、5G、元宇宙、人工智能等领域应用场景建设需求开展同台竞技和技术产品公平比选，遴选有前瞻性、有潜力的创新技术产品和方案。五是加强对未来产业应用场景的示范推广，鼓励大型国有企业应用创新产品（服务）构建新场景，通过需求侧支持加速前沿技术产业转化，形成一批未来科技创新和产业发展的制高点。

四、完善新型经济生态系统，激发未来产业高质量发展新动能

（一）加快推进新基建及应用生态，助推产业数字化、数字产业化

一是以补技术短板与加快形成特色未来产业为目标，推动科创空间布局建设概念验证、未来实验室、算力及数据等功能设施，加快推进基础信息网、智慧能源网、枢纽交通网、科创产业网建设。重点投资5G、人工智能、大数据中心、重大疫情灾害防控等新兴领域，科学统筹推进项目立项和招商引资，加强对项目投资的真实性、合规性审查，引导企业审慎理性投资，有效防止“新瓶装旧酒”。二是切实强化知识产权保护，加强新型基础设施的软件能力和内容生态建设，加大对内容和软件的孵化和支持力度，特别是通过加强对内容和软件的知识产权保护，加强反垄断和不正当竞争，形成良好的外部发展环境。三是设立关于5G、人工智能、重大疫情灾害防控和应急管理体系建设等项目的专项投资基金，引导和撬动社会资本进入，为新基建重点项目提供适当财政贴息，通过担保基金、引导基金等方式鼓励社会资本积极参与。四是加大对基础性、前沿性创新研究项目和服务平台的支持力度，为新基建相关的重大关键共性技术突破提供必要的基础研究支撑。

（二）以完善要素市场化配置为着力点，增强产业智能化、绿色化、定制化程度

一是加强对未来新兴领域设立研究基金、设置不同层级的人才称号

等方式，培养和激发知识型、技能型、创新型人才；弘扬劳模精神和工匠精神，营造劳动光荣的社会风尚和精益求精的敬业风气，将工匠精神融入研发、设计、生产和营销等产业链全流程。二是提升人力资本、知识资本、技术研发和稀缺数据等创新要素收益占比，推动企业由生产加工环节低水平循环向上下游研发设计、品牌创造、高端售后、供需匹配等新兴前沿领域迈进，将要素配置能力和创新要素收益占比作为高新技术产业认定重要指标，引导制造业企业生产过程清洁化、低碳化，支持具有未来产业特征的新兴产业做大做强做优。三是鼓励制造业企业与数字经济企业共享数据，促进政府引导型供需平台建设，不断提升企业制造定制化水平，满足个性化、高端化、超前化产品需求，提升智能网联汽车、XR 扩展现实、类脑智能等未来产业领域数字化水平。

（三）进一步优化营商环境，营造良好未来产业发展氛围

持续深化供给侧结构性改革，不断创造高质量供给。一是配合结构性减税，加快发展人工智能、生命健康和新一代通信技术，推动工业基础设施迭代升级，降低高端要素成本，改善企业成本结构；进一步落实企业减税降费，加快实施阶段性、有针对性的减税降费政策，重点促进企业降成本，积极落实减税、降低“五险一金”缴费比例等举措，降低企业税费负担。二是不断优化提升产业环境，加快培育未来产业，持续促进优势产业、前沿技术向未来产业转化。加快建设未来产业加速器、青年创业孵化器、创新创业公共服务平台和创业基地，优化创业交流环境，吸引更多创新创业者集聚；完善未来产业政策评价体系，抓好“放管服”，健全营商环境评价机制，全面提升各级政府的服务意识和能力，形成贸易投资便利化的长效机制，降低各领域、各环节的交易成

本，营造“安商稳商”的有利氛围，有效激发和保护企业家精神，鼓励更多社会主体投身创新创业。三是积极完善政府审批权责，建立审批流程标准和服务方式标准，实现商务备案与工商登记“一口办理”，简化与优化企业投资审批流程和设立程序，实现对各类市场主体规则平等、权利平等、机会平等，促进企业投资便利化。四是高质量实施 RCEP 等区域自由贸易协定，鼓励未来产业企业以 RCEP 实施为契机，进一步提升贸易和投资自由化便利化，提高服务贸易对外开放水平，加强高端产业链合作和未来产业项目合作。

五、加强国际国内创新合作，引领未来产业高质量发展新方向

（一）推动产业合作“引进来”“走出去”，开创内外互促新局面

一是积极拓展国际研发资源边界，鼓励企业和高校科研机构整合国际创新资源，加大高端科创人才引进力度，与国外顶级研发团队联合开展研发攻关；加快创业园区、创客空间等“双创”平台对外开放，吸引海外优秀创新创业团队加入“双创”活动，不断提高“双创”的开放度和国际影响力，塑造开放有序、充满活力的产业创新生态。二是加强与 RCEP 国家和地区、“一带一路”沿线国家和地区在未来产业上创新合作，在强化基础设施连接、扩大进出口贸易、加强国际直接投资的基础上，加强经贸合作框架内成员国在知识产权保护和交易、数据跨境流动、科技伦理等方面的制度建设，在基础科学、产业共性技术等方面加强合作。

（二）推动北京、上海、深圳等国内创新中心城市加强未来产业的战略合作，共建区域协同创新合作体系

重点聚焦未来产业赛道科研攻关，率先在部分领域形成具有特色的环节竞争力，协同推进产业链创新链关键环节自主可控性。以产业需求为导向，在数字经济、光电信息、空天科技、基因技术、量子计算、绿色氢能等产业积极承接产业链创新链不同环节，推动创新中心城市的有序合作、良性竞争和错位发展，探索建设“多点中心、资源互补、创新共促、产业协同”互动融合发展的完整产业梯度体系。

六、推进科技伦理体系建设，营造未来产业高质量发展新秩序

（一）面向重点领域，试点推进科技伦理体制机制建设

一是在国家科技伦理委员会统领及人工智能、生命科学、医学三个分委员会的指导和协调下，针对科技领域高创新性高技术密集性的特点，会同成员单位审慎推进人工智能领域、生命科学领域、医药健康领域规章制度的出台、审查监管工作常态化运行，促进形成制度完善、体制机制灵活、沟通渠道顺畅的科技伦理治理体系。二是协同中国科协、中国医学会等社会团体，推动成立中国科技伦理协会，统筹创新主体和社会诉求，建立完善科技伦理风险点数据库，建立健全预警机制，推进自律组织体制机制良性运转。三是促进人工智能领域、生命科学领域、

医药健康领域管理主体建立健全风险点清单动态调整机制，灵活把握“法无禁止即可为”原则与科技伦理治理原则，有序推进科技伦理治理工作，保障科技健康良性发展。

（二）加强教育宣传工作，提升社会公共科技伦理素养

一是系统梳理科技伦理相关理论和实践知识，形成面向创新主体和大众宣传不同群体的系统教材和科普读物。二是推进科技伦理知识写进教材工作，面向已经进入科技领域和即将进入科技领域的科研人员和准科研人员开展科技伦理知识培训。三是加强大众科技伦理知识普及工作，综合利用各类线上线下平台，宣传科技伦理知识。四是把握大众科技伦理诉求动态，即时响应科技伦理相关诉求，形成社会诉求渠道畅通的科技伦理沟通渠道。

七、纵深推进体制机制改革，强化未来产业高质量发展新保障

（一）在政策、机制、模式创新上积极探索“新样板”，健全产业发展环境

一是瞄准未来产业发展的重点方向，由科技部牵头抓紧制定中国未来产业发展战略规划。二是支持高校院所在未来产业领域创建特色学院，设立未来产业相关学科，建设未来产业专业人才库和专家库，为未

来产业发展提供技术和智力支持。三是积极推进北京、上海、深圳等地试点国家级未来产业示范区，坚持地区自主、中央引导的原则，充分激发示范区的主动性、创造性、引领性，争取给予试点示范区在未来产业发展领域更大的自主权、改革权和审批权，聚焦重点领域先行先试、加快发展、率先突破，加快形成可复制、可推广的经验。四是加快推进未来产业的先行先试和应用先导。从制度层面优先支持前沿新技术产业化开展应用场景试点，设立具有前瞻性的创新试点示范项目，加快前沿技术的产业化应用迭代，积极为前沿技术向未来产业的转化提供早期市场。五是争取法律上支持各地对未来产业发展提出更具有前瞻性的改革措施。针对生命科学、人工智能等领域未来产业发展过程中可能面临的一系列关于伦理道德、知识产权保护、标准化、国际合作、信息安全等问题，在国家层面争取一定的立法权、执法权，在示范区试点先行先试制定相关法律法规，完善相关领域的法律保护，并根据未来产业发展的实际需要，作出具有前瞻性的规定，因地制宜地推动未来产业发展。

（二）加强人才引培体制机制建设，充分发挥人才“强磁”作用

一是鼓励创新型企业与国内外大学、科研院所之间强化未来产业人才的培训和深造合作，支持高校和职业技术院校从未来产业人才的需求出发，从调整学科和专业设置入手，深度面向企业需求，加强对未来产业相关学科和专业科技人才培养，鼓励和促进学校与企业开展未来产业技术应用相结合的职业技术教育，培养适应未来产业发展的专业化技术人才。二是打造“定制化”人才招引模式，深入推进实施专项引才行动计划，鼓励通过设立针对未来产业相关引进人才的专项资金，通过项目启动资金等措施拓宽海外人才引进渠道，实现高层次人才和紧缺人才

的引入。三是加大人才梯度建设，通过引育结合的方式，为未来产业相关人才培养和利用创造更好的环境，积累人力资本，打造具有复合型的未来产业创新人才和骨干队伍，逐渐形成匹配未来产业发展的基础、中端、高端、领军的人才梯度层次。

（三）深化科技体制改革，优化创新环境

一要完善知识产权保护制度。健全最严格的司法保护体系，加强知识产权执法监管，对知识产权侵权行为引入惩罚性赔偿制度，激励企业将更多的资源投入创新活动；鼓励和支持本土企业参与知识产权国际标准制定，建立专利审查质量内、外部双评价双监督机制，完善分层次、分阶段质量保障体系，提高专利审查标准；建立法定赔偿机制，完善惩罚性赔偿责任，健全知识产权损害赔偿机制。二要为政产学研用金合作创造有利条件。扶持中小企业发展，强化企业创新主体地位；健全科技成果评价体系，完善利益风险分配机制，大力发展科技中介服务业；完善高新技术企业认证制度，区别对待自主研发和其他方式取得的知识产权，赋予企业自主研发知识产权更高分值；加快推行专家盲审制度，建立评审意见复审制度。三是聚力促进科技成果转化，实现产学研协同创新良性循环。鼓励国家自主创新示范（试验）区试点和重点产业功能区针对未来产业领域设立科技成果转化基金，对拥有重点新产品的企业给予经费补助，加快科技成果产业化；完善高校、科研院所等科技成果转移转化的激励机制，逐步推行科技成果转移转化率纳入科研人员和科研院所绩效评定指标；加快建设科技成果信息体系，建成线上线下同步发展的科技成果交易信息平台。

（四）加快财税金融体制改革，拓宽企业融资渠道

一是进一步完善支持实体经济发展的多层次金融体系，鼓励支持未来产业发展的金融创新，促进天使投资、创业投资、众筹等融资模式探索，支持前沿技术的工程化、产业化，并作为种子基金引导社会资金投入，引导产业资本、金融资本、社会资本支持未来产业发展。二是在重点扶持的未来产业中，对企业利润转投资部分减免企业所得税，以此鼓励企业再投资；在投贷联动、知识产权质押、资本市场、风险投资等方面，加大探索力度，逐步形成支持科技创新的金融创新机制。三是引导金融机构与头部企业开展战略合作，引导商业银行提高向未来产业行业初创型、科技型小微企业的放贷比重，推进投贷联动、知识产权质押贷款增面扩量，推动未来产业科创企业在银行间市场发债融资。

参考文献

[1] Agarwal, R., Gambardella, A., & Olson, D. M. Employee mobility and entrepreneurship a virtual special issue. *Strategic Management Journal*, 2016, 37(13), E11-E21.

[2] Ahuja, G., Lampert, C. M., & Tandon, V. Moving beyond Schumpeter: Management research on the determinants of technological innovation. *Academy of Management Annals*, 2008, 2(1), 1-98.

[3] Alessandrini，M.，Celotti，P.，Gramillano，A.，Lilla，M.The Future of Industry in Europe[EB/OL].[2021-08-08].https：//espas.secure.europarl.europa.eu/orbis/sites/default/files/generated/document/en/report_future_industry_form_pdf.pdf.

[4] Arthur W. Increasing returns and path dependency in the economy [M]. Ann Arbor, US: Michigan University Press, 1994:41-52.

[5] Benner, M. J., & Tripsas, M. The influence of prior industry affiliation on framing in nascent industries: The evolution of digital cameras. *Strategic Management Journal*, 2012, 33(3), 277-302.

[6] Birkinshaw, J., De Diego, E., Lessi, M., & Trill, H. Bayer's innovation agenda: Igniting innovation in 100,000-person company. London, England: London Business School Case CS-18-23, 2018.

[7] BRAUN D. Organizing the political coordination of knowledge and innovation policies [J]. *Science and Public Policy*, 2008, 35: 227-239.

[8] Buchanan, B. G.,Feigenbaum, E. A. Dendral and Meta-Dendral: Their Applications Dimension[J]. *Artificial Intelligence*, 1978,11(1-2):5-24.

[9] Chidamber, Shyam R. and Kon, Henry B. A research retrospectiveof innovation inception and success: the technology-push, demand-pull question[J]. *International Journal of Technology Management*, 1994, 9(1):94-112.

[10] Choi, Hyundo. Technology-push and demand-pull factors in emerging sectors: evidence from the electric vehicle market[J]. *Industry and Innovation*, 2018, 25(7): 655-674.

[11] David, Mowery, and, et al. The influence of market demand upon innovation: a critical review of some recent empirical studies[J]. *Research Policy*, 1979,8:102-153.

[12] Defense Advanced Research Projects Agency. DARPA 60 Years 1958-2018[EB/OL]. https://www.darpa.mil/attachments/DARAPA60_publication-no-ads.pdf, 2018-09-05.

[13] Dogson M. Innovation in firms[J]. *Oxford Review of Economic Policy*, 2017, 33(1):85-100.

[14] Edler J, Georghiou L. Public procurement and innovation: resurrecting the demand side [J]. *Research Policy*, 2007, 36(7): 949-963.

[15] Edquist C. Design of innovation policy through diagnostic analysis: identification of systemic problems [J]. *Industrial and Corporate Change*, 2011, 20: 1-29.

[16] Fisher G. Effectuation, causation, and bricolage: A behavioral comparison of emerging theories in entrepreneurship research [J]. *Entrepreneurship Theory and Practice*, 2012, 36(5):1019-1051.

[17] Giada Di Stefano, Alfonso Gambardella, Gianmario Verona. Technology push and demand pull perspectives in innovation studies: Current findings and future research directions[J]. *Research Policy*, 2012, 41:1283-1295.

[18] Godin, Benoit and Lane, Joseph P. Pushes and Pulls: Hi(S)tory of the Demand Pull Model of Innovation[J]. *Science, Technology, & Human Values*，2013, 38(5) 621-654.

[19] Hamel, G., & Zanini, M. End of bureaucracy[J]. *Harvard Business Review*, 2018, 96(6),

50-59.

[20] Hötte, Kerstin. Demand-pull and technology-push: What drives the direction of technological change? An empirical network-based approach[EB/OL]. (2021-12-17), https://www.oxfordmartin.ox.ac.uk/downloads/Demand-pull-and-Technology-push-unrevised.pdf.

[21] Kaplan, S., & Vakili, K. The double-edged sword of recombination in breakthrough innovation[J]. *Strategic Management Journal*, 2015, 36(10), 1435-1457.

[22] Kapoor, R., & Lim, K. The impact of acquisitions on the productivity of inventors at semiconductor firms: A synthesis of knowledge-based and incentive-based perspectives[J]. *Academy of Management Journal*, 2007, 50(5), 1133-1155.

[23] KEMP R, NEVER B. Green transition, industrial policy, and economic development [J]. *Oxford Review of Economic Policy*, 2017, 33(1): 66-84.

[24] Kleer R, Government R&D subsidies as a signal for private investors [J]. *Research Policy*, 2010, 39(10): 1361-1374.

[25] LIVESEY F. Rationales for industrial policy based on industry maturity [J]. *Journal of Industry Competition and Trade*, 2012, 12:349-363.

[26] Mazzucato M, Semieniuk G. Public financing of innovation: new questions [J]. *Oxford Review of Economic Policy*, 2017, 33(1): 24-48.

[27] Mazzucato M. The entrepreneurial state: debunking private vs public sector myths [M]. London, UK: Anthem Press, 2013.

[28] McCulloch, W. S., Pitts, W. H.. A Logical Calculus of Ideas Immanent in Nervous Activity[J]. 1988:115-133.

[29] Melvin, S., & Feinberg, Y. Intrapreneurship @ Nokia Software: Instilling culture change. Palo Alto, CA: Stanford Graduate School of Business Case SM-320(A), 2019.

[30] Mohnen P, Vankan A, Verspagen B. Evaluating the innovation box tax policy instrument

in the Netherlands [J]. *Oxford Review of Economic Policy*, 2017, 33(1): 141-156.

[31] Mowery, David and Rosenberg, Nathan. The influence of market demand upon innovation: a critical review of some recent empirical studies[J]. *Research Policy*, 1979,8:102-153.

[32] Müller J.，Potters L. Future Technology for Prosperity[EB/OL].[2021-08-08].https：// ec.europa.eu/info/sites/default/files/research_and_innovation/ki-03-19-551-en-n.pdf.

[33] Nemet G F. Demand-pull, technology-push, and government-led incentives for non-incremental technical change[J]. *Research Policy*, 2009, 38(5):700-709.

[34] OECD. Making the green recovery work for jobs, income and growth [R]. Paris, 2020.

[35] Peres W, Primia. Theory and practice of industrial policy: evidence from the Latin American experience [R]. CEPAL Serie Desarrollo Productivo, 2009, No.187.

[36] Rodrik D. Industrial policy for the twenty-first century [R]. KSG Working Paper, 2004, No. RWP04-047.

[37] Rothwell, R., and A. B. Robertson. The Role of Communications in Technological Innovation[J]. *Research Policy*, 1973, 2 (3): 204-225.

[38] Rothwell, Roy. Successful Industrial Innovation: Critical Factors for the 1990s[J]. *R&D Management*, 1992, 22 (3): 221-239.

[39] Shannon, C. E. A Mathematical Theory of Communication[J]. *Bell Labs Technical Journal*, 1948,27(4):379-423.

[40] Sørensen, J. B., & Fassiotto, M. A. Organizations as fonts of entrepreneurship[J]. *Organization Science*, 2011, 22(5):1322-1331.

[41] Stefano G D， Gambardella A， Verona G. Technology Push and Demand Pull Perspectives in Innovation Studies: Current Findings and Future Research Directions[J]. *Research Policy*, 2012, 41(8):1283-1295.

[42] The European Commission.European Industrial Strategy[EB/OL].[2021-08-08].https：//ec.europa.eu/info/strategy/priorities-2019-2024/europe-fitdigital-age/european-

industrial-strategy-en#latest.

[43] The President’s Council of A Dvisorson Science and Technology.Recommendations for Strengthening American Leadership in Industries of the Future[EB/OL].[2020-07-10]. https：//science.osti.gov/-/media/_/pdf/about/pcast/202006/PCAST_June_2020_Report.pdf.

[44] The President’s Council of Advisorson Science and Technology.Industries of the Future Institutes：A New Model for American Scienceand Technology Leadership[EB/OL].[2021-05-22].https：//science.osti.gov/-/media/_/pdf/about/pcast/202012/PCAST---IOTFI-FINAL-Report.pdf?la=en&hash=0196EF02F8D3D49E1ACF221DA8E6B41F0D193F17.

[45] The Strategic Forum for Important Projects of Common European Interest.Strengthening Strategic Value Chains for a Future-ready EU Industry-report of the Strategic Forum for Important Projects of Common European Interest[EB/OL].[2021-08-08].https：//www.europeansources.info/record/strengthening-strategic-value-chains-for-a-future-ready-eu-industry/.

[46] The White House.America will Dominate the Industries of the Future[EB/OL].[2021-08-08].https：//trump white house.archives.gov/briefings-statements/america-will-dominate-industries-future/.

[47] The 116th Congress.William M.（Mac）Thornberry National Defense Authorization Act for Fiscal Year 2021[EB/OL].[2021-08-08].https：//www.congress.gov/bill/116th-congress/house-bill/6395?q=%7B%22search%22%3A%5B%22Defense+authorization%22%5D%7D&r=2&s=6.

[48] Turing, A. M. Computing Machinery and Intelligence[J]. *Mind*, 1950，(236):433-460.

[49] US National Academy of Sciences. Report of the Ad Hoc Committee on Principles of Research-engineering Interaction, Washington, DC: Material Advisory Board, Division

of Engineering, National Research Council, USGPO, 1966.

[50] Vakili K, Kaplan S. Organizing for innovation: A contingency view on innovative team configuration[J]. *Strat Mgmt J.* 2021, 42:1159-1183.

[51] White, B.W., Rosenblatt, F. Principles of Neurodynamics: Perceptrons and the Theory of Brain Mechanisms[J]. *The American Journal of Psychology*, 1963,76(4):705.

[52] YANAGISAWA T, GUELLECD. The emerging patent marketplace[R]. OECD Science, Technology and Industry Working Papers, 2009, No. 9.

[53] [美] 约瑟夫 · 斯蒂格利茨 . 发展与发展政策 [M]. 北京：中国金融出版社，2007.

[54] [加] 萨利姆 · 伊斯梅尔 , [美] 迈克尔 · 马隆 , 尤里 · 范吉斯特 . 指数型组织：打造独角兽公司的 11 个最强属性 [M]. 杭州：浙江人民出版社 , 2015.

[55] [美] 埃里克 · 冯 · 希普尔 . 创新的源泉：追循创新公司的足迹 [M]. 北京：知识产权出版社，2005.

[56] 贲可荣 , 张彦铎 . 人工智能 [M]. 北京 : 清华大学出版社 , 2006.

[57] 蔡莉 , 彭秀青 ,Satish Nambisan, 等 . 创业生态系统研究回顾与展望 [J]. 吉林大学社会科学学报 , 2016. 56（1）：5-16.

[58] 曹方 , 冷伟 , 张鹏 , 魏颖 . 从产业生命周期的角度认识未来产业发展路径 [J]. 科技中国 , 2022（1）：38-42.

[59] 曹方 , 王楠 , 何颖 . 我国四大综合性国家科学中心的建设路径及思考 [J]. 科技中国 , 2021（2）：15-19.

[60] 曹方，张鹏，等 . 全球布局未来产业发展行动要点及启示 [J]. 机器人产业，2022（1）：12-15.

[61] 柴本良 , 王路烨 . 各国科技体制比较研究 [J]. 科技管理研究 ,1991（4）：49-52.

[62] 昌盛 . 广西培育发展未来产业的对策研究 [J]. 市场论坛 ,2021(4):5-10.

[63] 陈光沛 , 魏江 , 李拓宇 . 开源社区：研究脉络、知识框架和研究展望 [J]. 外国经济与管理，2021，43（2）：84-102.

[64] 陈恒 , 徐睿姝 , 郎益夫 . 分布式创新、组织特异性免疫与企业成长绩效研究 [J]. 科技进步与对策，2014，31（12）：98-104.

[65] 陈继勇，余罡 . 发达国家与新兴经济体政府在国家创新体系建设中的实践及启示 [J]. 理论月刊，2011（10）：142-144.

[66] 陈劲 . 关于构建新型国家创新体系的思考 [J]. 中国科学院院刊，2018,33（5）：479-483.

[67] 陈威如 , 王节祥 . 依附式升级：平台生态系统中参与者的数字化转型战略 [J]. 管理世界 ,2021,37（10）：195-214.

[68] 陈赟 . 国企在未来产业发展中应走在前列 [J]. 国有资产管理 ,2022（3）：12-16.

[69] 范内瓦 · 布什，拉什 · D. 霍尔特 . 科学：无尽的前沿 [M]. 北京：中信出版社，2021.

[70] 冯天瑾 . 智能学简史 [M]. 北京 : 科学出版社 , 2007.

[71] 符冠云，龚娟，赵吉诗，等 .2020 年国内外氢能发展回顾与 2021 展望 [J]. 中国能源，2021（3）：45-48.

[72] 辜胜阻，洪群联 . 创新型国家建设的战略思考 [J]. 经济管理，2008（19-20）：1-6.

[73] 郭广良 . 中国产业投资基金运营体系研究 [D]. 北京交通大学 ,2010.

[74] 郭京京 , 眭纪刚 , 马双 . 中国未来产业发展与创新体系建设 [J]. 新经济导刊 ,2021（3）：10-17.

[75] 胡海波 , 卢海涛 , 王节祥 , 等 . 众创空间价值共创的实现机制 : 平台视角的案例研究 [J]. 管理评论 ,2020,32（9）：323-336.

[76] 焦文锦 , 马越 , 杨文滢 ."抢人大战" : 该为谁转身 ?[J]. 记者观察 , 2018（16）.

[77] 解学芳 , 刘芹良 . 创新 2.0 时代众创空间的生态模式——国内外比较及启示 [J]. 科学学研究 ,2018,36（4）：577-585.

[78] 科技部新一代人工智能发展研究中心 , 中国科学技术发展战略研究院 . 2019 年中国新一代人工智能发展报告 [R].2019.

[79] 克里斯缇安 · 施瓦格尔 . 未来生机：自然、科技与人类的模拟与共生 [M]. 北京：中国人民大学出版社，2020.

[80] 兰凤崇，郭慧，黄维军，等 . 锂离子动力电池专利信息分析 [J]. 科技管理研究，2015（14）：126-130,147.

[81] 雷家骕，洪军 . 技术创新管理 [M]. 北京：机械工业出版社，2012.

[82] 李晓华，王怡帆 . 未来产业的演化机制与产业政策选择 [J]. 改革，2021（2）：54-68.

[83] 李燕萍 , 李洋 . 价值共创情境下的众创空间动态能力——结构探索与量表开发 [J]. 经济管理 ,2020,42（8）：68-84.

[84] 林嵩 . 创业生态系统 : 概念发展与运行机制 [J]. 中央财经大学学报 ,2011（4）:58-62.

[85] 刘学之 , 马婧 , 彭洁 , 等 . 美国国家实验室成果转化路径解析与制度保障 [J]. 科技进步与对策 ,2015,32（11）：20-25.

[86] 刘易斯 · M. 布兰斯科姆，菲利普 · E. 奥尔斯瓦尔德 . 科技创新中的技术风险 [M]. 上海：上海科学技术出版社 , 2017.

[87] 刘志迎 , 武琳 . 众创空间 : 理论溯源与研究视角 [J]. 科学学研究 ,2018,36（3）：569-576.

[88] 路风 . 新火——走向自主创新 2[M]. 北京：中国人民大学出版社 , 2020.

[89] 吕克 · 德 · 布拉班迪尔法 . 极简算法史 : 从数学到机器的故事 [M]. 北京 : 人民邮电出版社 , 2019.

[90] 吕一博 , 施萧萧 , 冀若楠 . 开放式创新对企业渐进性创新能力的影响研究 [J]. 科学学研究 ,2017,35（2）：289-301.

[91] 马克思 . 资本论（第一卷）[M]. 北京：人民出版社，1975.

[92] 内閣府 . 第 5 期科学技術基本計画 [EB/OL]，[2021-08-08].https：//www8.cao.go.jp/cstp/kihonkeikaku/5honbun.pdf.

[93] 内閣府 . 科学技術 · イノベーション基本計画 [EB/OL].[2021-08-08].https：//www8.

cao.go.jp/cstp/kihonkeikaku/6honbun.pdf.

[94] 内閣府 . 未来投資戦略 2018 概要一「Society5.0」「データ駆動型社会」への変革 [EB/OL].[2021-08-08].https：//www5.cao.go.jp/keizai-shimon/kaigi/minutes/2018/0615/shiryo_03-3.pdf.

[95] 彭训厚 . 第二次世界大战与科学技术进步 [J]. 军事历史研究 ,1996（4）：147-152.

[96] 渠慎宁，杨丹辉 . 突发公共卫生事件的智能化应对：理论追溯与趋向研判 [J]. 改革，2020（3）：14-21.

[97] 渠慎宁 . 未来产业发展的支持性政策及其取向选择 [J]. 改革 , 2022（3）：10.

[98] 邵云飞 , 黎丽 , 尹守军 . 产业创新的新范式 : 生态创新研究 [J]. 技术经济 ,2009,28（6）：29-34.

[99] 沈华，王晓明 . 构建“四位一体”格局促进未来产业大步向前 [N]. 科技日报，2021-03-25.

[100] 势银能链 . 中国已建成 165 座加氢站，TOP5 集成商市占率达 90%[EB/OL],（2021-07-12）[2021-08-08].https：//baijiahao.baidu.com/s?id=1705065087902095249&wfr=spider&for=pc.

[101] 孙永福，王礼恒，陆春华，等 . 国内外颠覆性技术研究进展跟踪与研究方法总结 [J]. 中国工程科学，2018，20（6）：14-23.

[102] 特伦斯 · 谢诺夫斯基 . 深度学习 [M]. 姜悦兵译 , 北京 : 中信出版集团 , 2019.

[103] 王节祥 , 蔡宁 . 平台研究的流派、趋势与理论框架——基于文献计量和内容分析方法的诠释 [J]. 商业经济与管理 ,2018（3）：20-35.

[104] 王崑声，周晓纪，龚旭，等 . 中国工程科技 2035 技术预见研究 [J]. 中国工程科学，2017，19（1）：34-42.

[105] 王玲 , 冯永春 . 生态情境下双元网络拼凑对新创企业绩效的影响研究 [J]. 科学学与科学技术管理 ,2021,42（12）：3-18.

[106] 王天一 . 人工智能革命：历史、当下与未来 [M]. 北京：北京时代华文书局 , 2017.

[107] 王喜文 . 新基建：驱动内循环的全新引擎 [M]. 杭州：浙江教育出版社 , 2021.

[108] 王雪莹 . 未来产业研究所：美国版的“新型研发机构”[J]. 科技智囊 ,2021（2）：12-17.

[109] 王贻芳 . 我国重大科技基础设施的现状和未来发展 [EB/OL],（2022-06-24）[2022-09-01]. http://www.npc.gov.cn/npc/c30834/202206/90acffdbc88045758409c17e7dd86971.shtml.

[110] 王轶辰 . 我国氢能产业初具雏形 成为世界第一产氢大国 [J]. 能源研究与利用，2019(4):8-9.

[111] 吴晶晶，杨维汉，徐海涛 . 我国成功发射世界首颗量子科学实验卫星“墨子号”[EB/OL],（2016-08-16）[2021-08-08].http：//www.xinhua net.com/world/2016-08/16/c_129231459.htm.

[112] 吴寿仁 . 创新知识基础 [M]. 上海：上海社会科学院出版社 , 2011.

[113] 谢宜泽 , 胡鞍钢 . 新型举国体制：时代背景、基本特征与适用领域 [J]. 深圳大学学报 (人文社会科学版),2021,38（4）：18-26.

[114] 严锦梅 , 刘戒骄 . 系统视角下国家创新体系中的政府作用——基于美国和日本的创新实践综述 [J]. 中国科技论坛 ,2022（2）：50-58.

[115] 杨跃承，武文生，党好 . 发展未来产业是我国构筑长期竞争优势的战略选择 [J]. 中国经济周刊，2021（23）：104-108.

[116] 叶青 , 李清均 . 新型举国体制进路：经验证据、机理分析、路径优化 [J]. 理论探讨 ,2021（3）：127-132.

[117] 于晓宇 , 陈颖颖 . 冗余资源、创业拼凑与瞬时竞争优势 [J]. 管理科学学报 ,2020，23（4）：1-21.

[118] 余东华 .“十四五”期间我国未来产业的培育与发展研究 [J]. 天津社会科学 ,2020（3）：12-22.DOI:10.16240/j.cnki.1002-3976.20200528.010.

[119] 张乐 . 宁德时代的破局之路 [J]. 中国经济评论 , 2021（2）：4.

[120] 张倩，李文宇 . 全球量子信息技术创新发展研究 [J]. 信息通信技术与政策，2020（12）：81-85.

[121] 赵剑波 . 变革的节奏——海尔人单合一创新模式概览 [M]. 北京：经济管理出版社，2017.

[122] 赵剑波 . 新基建助力中国数字经济发展的机理与路径 [J]. 区域经济评论 ,2021(2)：89-96.

[123] 中共中央关于党的百年奋斗重大成就和历史经验的决议（2021 年 11 月 11 日中国共产党第十九届中央委员会第六次全体会议通过）[N]. 人民日报，2021-11-17（001）.

[124] 中国科学技术大学量子信息与量子科技创新研究院 . 国家量子保密通信“京沪干线”项目通过总技术验收 [EB/OL]，（2017-09-04）[2021-08-08]. http://news.ustc.edu.cn/info/1055/54654.htm.

[125] 中国氢能源及燃料电池产业创新战略联盟 . 中国氢能源及燃料电池产业白皮书 2020[M]. 北京：人民日报出版社，2021.

[126] 中国网 . 国家发改委 4 月份例行新闻发布会 [EB/OL]，（2021-04-19）[2021-08-08]. http：//www.china.com.cn/zhibo/content_77418155.htm.

[127] 中国信息通信研究院 . 量子信息技术发展与应用研究报告（2020 年）[R].2020-12.

[128] 周波，冷伏海，李宏，等 . 世界主要国家未来产业发展部署与启示 [J]. 中国科学院院刊，2021，36（11）:1337-1347.

[129] 周小苑 . 太阳能电解水制氢储能项目开建，让能源更清洁更绿色 [J]. 化学工程师，2020，34（7）：84.

后　记

“未来产业”虽然是一个新概念，但未来产业却早已有之。科学和技术的革命性突破不断催生新的产业，在这些产业发展的早期阶段，或者更具体地，从由突破性新科技形成新产品到该产品进入大规模生产之前的经济活动都可以称为“未来产业”。本书作者对未来产业相关问题的研究始于对英国《经济学人》杂志2012年4月以“第三次产业革命”为题的特别报道的关注，此后又出现第四次工业革命、新工业革命等不同的表述，但是越来越多的人认可我们正经历新一轮科技革命和产业变革。随着新一轮科技革命和产业变革的深入推进，不断有未来产业浮现并快速发展。

2016年，杨丹辉研究员发起研究和撰写《影响未来的新科技新产业》一书，我有幸参与其中。该书2017年上市后获得各界广泛的关注和好评，入选中国图书评论学会“2017年中国好书”。该书作者的署名是“中国社会科学院工业经济研究所未来产业研究组”，这可以看作我与“未来产业”正式结缘。此后，我虽然一直持续关注与未来产业有关的问题，但是并未就未来产业本身进行理论研究。2020年，中央多次提出抓紧布局和培育发展未来产业的要求。学术界对未来产业的研究也差不多在同一时间启动。山东大学余东华教授在《天津社会科学》2020年第3期发表《“十四五”期间我国未来产业的培育与发展研究》一文，给了我很大的启发，也促使我开始对未来产业进行更深入的思考和研究。我们在2020年年中开始对未来产业的内涵、特征、运行机制和相应政策进行研究，形成的《未来产业的演化机制与产业政策选择》一文发表在《改革》杂志2021年第2期。此后，越来越多的机构、学者开始对未来产业进行研究，《未来产业的演化机制与产业政策选择》一文发表后受到比较广泛的关注，目前该文在中国知网的被下载次数超过2000次、被引24次。我们也有幸获得科技部科技创新战略研究专项的资助，对未来产业进行更为系统的研究。本书的主要内容来自该专项资助课题“科技创新驱动的未来产业演变趋势研究”（项目编号：ZLY202136）的成果。

本书的主要作者来自中国社会科学院工业经济研究所，是大家研究和思考的智慧结晶。各章的作者如下：第一章，王海兵；第二章，孙天阳；第三章，寇冬雪、曾昭睿、张作祥；第四章，邓洲；第五章，李晓华；第六章，赵剑波；第七章，王秀丽；第八章，渠慎宁；第九章，方晓霞；第十章，刘佳骏、王海兵、李晓华；第十一章，许明。杨丹辉研究员对课题的研究框架、未来产业的界定给予了重要的指导。全书内容经过多次修改，由李晓华对全书进行了统稿。

一本专著的问世离不开多方面的支持和帮助，因此我们借此机会向他们表示感谢。感谢科技部战略规划司对课题研究的支持以及常歆识、林涛、许谦、孙德慧等同志在研究内容、方向上的宝贵建议。感谢课题研究和书稿完善过程中各位专家给予的指导，他们分别是：中国科学院科技战略咨询研究院王晓明研究员，中国社会科学院数量经济与技术经济研究所吴滨研究员，国务院发展研究中心社会和文化发展研究部宋紫峰研究员，中国人民大学商学院徐佳宾教授，北京交通大学经济管理学院冯华教授，山东大学经济学院余东华教授，中国宏观经济研究院盛朝迅研究员，中国科学技术发展战略研究院陈志研究员，工业和信息化部赛迪研究院科技与标准研究所何颖所长，长城战略研究所武文生总经理，科技部胥和平研究员，中国社会科学院数量经济与技术经济研究所李平研究员，中国科学院科技战略咨询研究院万劲波研究员，中国科学技术信息研究所苏成研究员、程如烟研究员，清华大学经济管理学院陈劲教授，国家信息中心新兴产业处张振翼副处长，工业和信息化部赛迪研究院无线电研究所韩健所长和彭健副所长等专家的研究成果和研讨发言也让我们受益匪浅。感谢中国发展出版社王忠宏社长给我们提供一个高水平的成果发表平台，并组织出版社专家对本书的完善提出了宝贵的建议，对本书出版给予全方位支持。最后，感谢中国社会科学院工业经济研究所的领导和同事对我们科研工作和生活的关心和帮助！感谢家人对我们枯燥的科研工作的支持和容忍！

未来产业是一个重要的新问题，本书的研究仅是未来产业理论和政策研究迈出的一小步。由于我们能力所限，书中难免出现疏漏和错误，请各位方家不吝赐教。我们期待有更多关于未来产业的研究成果问世，为我国未来产业发展的实践提供更有价值的理论支撑！相信未来产业将会在“开辟发展新领域新赛道，不断塑造发展新动能新优势”中发挥重要的作用。

李晓华

中国社会科学院工业经济研究所国际产业研究室主任、研究员

2022 年 12 月